Umgang mit Zensuren in allen Fächern

Lehrer-Bücherei: Grundschule

Herausgegeben von
Horst Bartnitzky und Reinhold Christiani

Horst Bartnitzky (Hrsg.)

Umgang mit Zensuren in allen Fächern

•

Leistung und Leistungsförderung

•

Beobachtungen,
Tests, Klassenarbeiten

•

Zeugnisschreiben

Gedruckt auf chlorfrei gebleichtem Papier
ohne Dioxinbelastung der Gewässer

CIP-Titelaufnahme der Deutschen Bibliothek

Umgang mit Zensuren in allen Fächern. Leistungen und Leistungsförderung;
Beobachtungen, Tests, Klassenarbeiten, Zeugnisschreiben / Horst Bartnitzky (Hrsg.).
Mit Beitr. von Horst Bartnitzky . . . – Frankfurt am Main: Cornelsen Scriptor, 1989
    (Lehrer-Bücherei: Grundschule)
    ISBN 3-589-05017-9
NE: Bartnitzky, Horst [Hrsg.]

8.   7.   6.   5.   4.   Die letzten Ziffern bezeichnen
2000 99   98   97   96   Zahl und Jahr des Drucks.

Umschlaggestaltung: Studio Lochmann, Frankfurt am Main
Satz: Computersatz Bonn GmbH, Bonn
Druck und Bindung: Hans Kock, Buch- und Offsetdruck GmbH, Bielefeld
Printed in Germany
ISBN 3-589-05017-9
Bestellnummer 50179

Vorwort

Zensuren behindern, ja sie verhindern die Ausgestaltung der Grundschule zu einer kindergerechten, leistungsfähigen Schule.
Denn:
- Zensuren schlagen Kinder über einen Leisten, obwohl die Verschiedenartigkeit der Kinder ein individuelles Maß an Fördern und Fordern verlangt und damit auch ein individuelles Maß dafür, was für das Kind Lernerfolg bedeutet.
- Zensuren bringen Kinder in eine Leistungsrangfolge und fördern damit das rivalisierende Lernen, obwohl soziales und solidarisches Lernen zum Kernauftrag der Grundschule rechnet.
- Zensuren suggerieren einen Informationswert, obwohl sie erwiesenermaßen weder vergleichbar noch objektiv sind und ihre Inhaltsarmut (was und wie hat ein Kind gelernt?) bestürzend ist.
- Zensuren und ihre Wertschätzung werden zum vorwiegenden Lernanreiz für Kinder, obwohl doch erklärtes Ziel jeder Schule sein muß, daß Kinder um der Sache willen, aus Neugier und Wissensdrang lernen.

Dieses Verdikt dem Zensuren-Unwesen gegenüber ist vielfach ausgeführt und belegt worden. Alternativen wurden entwickelt und von den Reformpädagogen von Jahrhundertanfang an bis heute praktiziert. Auch die zensurenfreie Phase am Anfang der Grundschulzeit ist eine bewußte Alternative, nur eben auf den sogenannten „Schonraum" der ersten Jahre begrenzt.

Nun legen hier Grundschulpraktiker ein Buch über den Umgang mit Zensuren vor. Ist dies eine Kapitulation vor der Macht des Faktischen?

Den Autorinnen und Autoren gemeinsam ist die Grundüberzeugung, daß die Abschaffung der Zensuren den Weg zur weiteren pädagogischen Ausgestaltung von Schule frei machen könnte. Doch unterliegen sie, wie alle Lehrerinnen und Lehrer, in ihrer eigenen täglichen Praxis den rechtlichen Vorgaben, die das Zensieren in der Grundschule einschließt. Für die pädagogische Arbeit in der Schule ist es aber bedeutungsvoll, Wege zu finden, wie man auch mit dem untauglichen Instrument Zensur für das Leben und Lernen von Kindern leidlich verträglich umgehen kann.

Dies gilt für alle Bereiche und Fächer, in denen zensiert werden muß. Deshalb finden sich diese Bereiche und Fächer auch in diesem Buch wieder.

Hervorgegangen ist das Buch aus der Fortbildung in einem Düsseldorfer Schulaufsichtsbezirk. Neben den Erfahrungen der Autorinnen und Autoren in ihren eigenen Schulen und Klassen sind deshalb Fragestellungen und Überlegungen vieler Lehrerinnen und Lehrer in die Vorschläge zum Umgang mit Zensuren eingegangen.

Angesichts der besonderen Problematik dieses pädagogisch so heiklen Themas bietet das Buch keine Patentrezepte, sondern persönliche Wege und auch Ratschläge, die aus Erfahrung und aus grundschulpädagogischer sowie fachlicher Reflexion gewonnen wurden.

Selbstverständlich, daß zehn Personen bei aller Gemeinsamkeit im Grundsätzlichen unterschiedliche Akzente setzen. Deshalb mag es für die Leserinnen und Leser anregend sein, auch bei einem Fach nachzulesen, das man gerade nicht unterrichtet. Denn das Spektrum der Beiträge zeigt auch ein Spektrum an Umgangsweisen mit Zensuren.

Horst Bartnitzky

Notiz zur 2. Auflage

Bei der Handhabung der Zensuren in den einzelnen Fächern sind die schulrechtlichen Gegebenheiten des jeweiligen Bundeslandes zu beachten.

Inhalt

Horst Bartnitzky
Sechs Leitfragen zum Umgang mit Zensuren

Über den Umgang mit Zensuren kann man nicht erst nachdenken, wenn der Zensierungsakt ansteht.

Denn eine Kernaufgabe der Grundschule ist, die Leistungsfähigkeit der Kinder zu entwickeln: über Könnenserfahrungen die Lernzuversicht zu stärken, an Aufgaben mit dosierter Schwierigkeit die Kräfte des Kindes herauszufordern, Leben und Lernen in einer Klasse so zu gestalten, daß ermutigende Erziehung möglich ist. Die Entscheidung über Zensuren muß deshalb eingebunden sein in die ständigen Überlegungen, wie die Kräfte des Kindes am besten zu entwickeln sind.

Dazu muß entschieden werden,

- *was Kinder lernen sollen*, ohne sie zu überfordern und damit zu entmutigen, aber auch, ohne sie zu unterfordern und damit ihre Kräfte zu wenig zu entwickeln
- *wie Kinder dies lernen können*, wobei die Art des Unterrichts, die Lehrerin oder der Lehrer selbst wichtige Bedingungen für das Lernen jedes einzelnen Kindes schaffen
- *mit welchen Mitteln und Maßstäben die so definierten und geförderten Leistungen der Kinder gewürdigt werden;* hier fallen dann auch die Entscheidungen über die Zensuren.

Die Autorengruppe dieses Buches erarbeitete sich sechs Leitfragen, mit deren Hilfe über Unterricht und Leistungsbeurteilung nachgedacht werden kann. Diese Leitfragen liegen allen Fachbeiträgen zu Grunde.

1. Um welche Leistungen geht es?
2. Wie können Kinder zu diesen Leistungen angeregt werden?
3. Wie können Kinder ihre Leistungen zeigen?
4. Welche Bedingungen können die Leistungen der Kinder beeinflussen?
5. Wie können die Leistungen beurteilt werden?
6. Wie können die Beurteilungen für das Zeugnis zusammengefaßt werden.

Zum besseren Verständnis werden diese sechs Leitfragen kurz erläutert.

1. Um welche Leistungen geht es?

Wer legt fest, was in Ihrer Klasse Marc und Nadia, Claudia oder Mehmet leisten sollen? Wer legt fest, was in Ihrer Klasse 3 oder 4 von allen Kindern für die Note „Befriedigend" geleistet werden muß?

Die Antwort kann nur lauten: Sie selbst legen dies fest – als die dafür pädagogisch verantwortliche Lehrkraft. Wer sonst kennt die Leistungsfähigkeit, die Möglichkeiten und Grenzen der Kinder beim schulischen Lernen besser als Sie? Wer sonst kann die Unterrichtsziele und Inhalte, die Methoden und Arbeitsformen, die Materialien und Lernhilfen so aufeinander abstimmen, daß Kinder erfolgreich lernen?

Genau dies entscheiden und verantworten zu können, war Ziel der wissenschaftlichen Ausbildung. Dies für das Kind und mit dem Kind entscheiden zu können und vor dem Kind verantworten zu müssen, machen Anspruch und Würde unseres Berufs aus. Von hier her begründet sich auch die „relative Autonomie" der Lehrerinnen und Lehrer.

Aber: Die Grundschule ist Pflichtschule. Ihre Lehrerinnen und Lehrer arbeiten im gesellschaftlichen Auftrag. In Landesverfassungen, Rechtsverordnungen, in Richtlinien und Lehrplänen ist festgelegt, was die Gesellschaft von Erziehung und Unterricht erwartet.

Wie paßt nun beides zusammen – die pädagogisch verantwortete Freiheit dort und die Verbindlichkeit hier?

Richtlinien und Lehrpläne formulieren die Ansprüche auf einem allgemeinen Niveau, so daß sie landesweit gelten können.

Die Lehrerin oder der Lehrer legen die konkreten Ziele und Inhalte für die jeweilige Lerngruppe und für das einzelne Kind fest – in pädagogischer Verantwortung für die Entwicklung der Kinder.

Das heißt: Sie legen für Ihre Klasse und deren Kinder fest, wie die Ziele und Inhalte der Richtlinien und Lehrpläne konkret gefaßt und ausgestaltet werden.

2. Wie können Kinder zu Leistungen angeregt werden?

Leistungen fallen nicht vom Himmel. Sie bedürfen der Anregung. Viele Kinder wachsen in einer anregungsreichen Umwelt auf. Sie haben deshalb bessere Chancen für ihre Entwicklung. Viele Kinder wachsen in einer anregungsarmen Umwelt auf. Diese Kinder sind besonders auf die Anregungen der Schule angewiesen. Auch auf Grund solcher Unterschiede ist innere Differenzierung im Schulalltag ebenso nötig wie die Anregung im gemeinsamenLernen.

Ein entscheidender Faktor hierbei sind Sie selbst. Ihre Liebe zu Kindern, Ihre pädagogische Sensibilität und didaktisch-methodische Kompetenz sind wesentliche Voraussetzungen dafür, daß Kinder etwas leisten.

3. Wie können Kinder ihre Leistungen zeigen?

Leistungen zeigen sich nicht nur in Ergebnissen, im fertigen Aufsatz, im Test. Viele Leistungen sind an Ergebnissen gar nicht abzulesen: Welche Anstrengungen machen Kinder? Wie arbeiten sie mit anderen zur Lösung einer Aufgabe zusammen? Wie entdecken sie Fragen und Probleme, Zusammenhänge und Unterschiede? Wobei entwickeln sich besondere Interessen? ...

Leistungen zeigen sich vor allem im *Lernprozeß* und nur zum Teil im *Lernergebnis*. Ihre Beurteilungen – auch solche mit Zensuren – müssen deshalb viel mehr berücksichtigen als nur Leistungsergebnisse, nämlich vor allem auch Ihre Beobachtungen der Kinder bei ihrer täglichen Arbeit.

4. Welche Bedingungen können die Leistungen der Kinder beeinflussen?

Die Faktoren sind vielfältig und wirken vielfältig aufeinander ein: Faktoren der außerschulischen Umwelt und der schulischen Umwelt, die Persönlichkeit des Kindes (seine Denkfähigkeit, Vorlieben, Stärken, Schwächen, seine Motivation, Arbeitshaltung und Selbständigkeit, seine Gemeinschaftsfähigkeit). Was als Leistung anerkannt wird, wirkt wieder zurück auf die Wertschätzung des Kindes, auf sein Leistungsbewußtsein usw.

Nur weniges davon können Sie direkt beeinflussen: den Unterricht, das Klassenleben, die ermutigende Erziehung, manchmal auch vielleicht das Elternverhalten. Umso wichtiger ist, daß Sie das, was Sie beeinflussen können, auch bewußt und energisch mitgestalten.

5. Wie können die Leistungen beurteilt werden?

Wir unterscheiden zwei pädagogische Maßstäbe: den individuellen und den anforderungsbezogenen Maßstab.

a) der individuelle Maßstab: Sie fragen sich: Was hat das Kind dazugelernt? Wo sind seine Stärken, seine Schwächen? Hat es so gelernt, wie es seiner vermutlichen Leistungsfähigkeit entspricht? Der individuelle Maßstab gilt umso mehr, je jünger die Kinder sind.

b) der anforderungsbezogene Maßstab: Sie fragen sich: Welche Anforderungen kann ich in dieser Klasse stellen? Inwieweit entsprechen die Kinder diesen Anforderungen? Der anforderungsbezogene Maßstab tritt allmählich zum individuellen hinzu. Schulrechtlich gilt er dann mit der Einführung von Zensuren. Denn Zensuren sollen ja Auskunft darüber geben, in welchem Maße die Leistung eines Kindes den gesetzten Anforderungen entspricht.

Die Note	wird erteilt, wenn die Leistungen den Anforderungen . . . entsprechen
sehr gut	in besonderem Maße
gut	voll
befriedigend	im allgemeinen
ausreichend	(zwar mit Mängeln) im ganzen noch
mangelhaft	nicht mehr (aber nachholbar)
ungenügend	nicht (in absehbarer Zeit nicht behebbar)

Wie diese Anforderungen festgelegt werden, wurde bei Frage 1 beantwortet: Sie selbst als Lehrerin oder Lehrer der Kinder setzen den Maßstab fest, mit dem über Erfolg und auch Nichterfolg der Kinder geurteilt wird.

Eine wichtige Hilfe hierzu:

Legen Sie fest, was die Kinder *auf jeden Fall* lernen müssen, um am nachfolgenden Unterricht auch erfolgreich weiterlernen zu können. Dies nennen wir *grundlegende Anforderungen*. Die lernschwächeren Kinder fördern Sie insbesondere auf diese grundlegenden Anforderungen hin. Lernstärkeren Kindern sind nach oben hin keine Grenzen gesetzt. Aber Sie sichern ab, daß möglichst alle Kinder zumindest auf dem Niveau grundlegender Anforderungen Erfolg haben. Denn nur durch Erfolgszuversicht kann ein positives Leistungsverhalten aufgebaut werden.

Wer die grundlegenden Anforderungen bewältigt, der hat eine Leistung erbracht, die „den Anforderungen im allgemeinen entspricht". Dies ist die Definition für die Zensur „befriedigend".

Wenn Sie zensieren, dürfen Sie zwei Gedanken nicht verdrängen, die für jede Leistungsbeurteilung gelten:

● Zensuren geben Auskunft über Unterrichtserfolge. Damit geben sie auch Auskunft über die Qualität des Unterrichts.

● Zensuren dürfen Kinder nie mutlos machen, weil Erziehung und Unterricht dann ihren Sinn verloren hätten.

Um den Bezug auf den konkreten Lernprozeß des Kindes zu wahren, sollten Zensuren immer individuell kommentiert werden.

6. Wie können die Beurteilungen für das Zeugnis zusammengefaßt werden?

Beim Zeugnis werden die Zensuren auf den Grundlagen der Überlegungen zu den Fragen 1 bis 5 erstellt:
- die Anforderungen in der konkreten Klasse sind der Maßstab
- alle Leistungen werden berücksichtigt – die Leistungen im Lernprozeß ebenso wie die Ergebnisse

Für viele Kinder wäre es hilfreicher, wenn nicht allein die Anforderungen an alle zum Gradmesser ihrer eigenen Leistung würde. Aber mit Zensuren ist diese pädagogische Überlegung nicht zu realisieren; Behelfe, um diesen kardinalen Mangel etwas zu lindern, sind individuelle Kommentare im Gespräch und in schriftlicher Form. Auch der Nachteil der inhaltlichen Armut kann dadurch ein wenig ausgeglichen werden (vgl. S. 14).

Die meisten Zeugnisformulare enthalten Rubriken für freie Formulierungen. Hier können Zusätze zu einzelnen Zensuren eingetragen werden: Hinweise auf Stärken und Vorlieben des Kindes, auf konkrete Leistungen und Beiträge zur gemeinsamen Arbeit.

Manche Lehrerinnen und Lehrer schreiben neben dem Zensurenzeugnis noch ein Briefzeugnis, das sich direkt an das Kind richtet, Rückschau auf das vergangene Halbjahr hält und Ausblick auf die weitere Arbeit gibt.

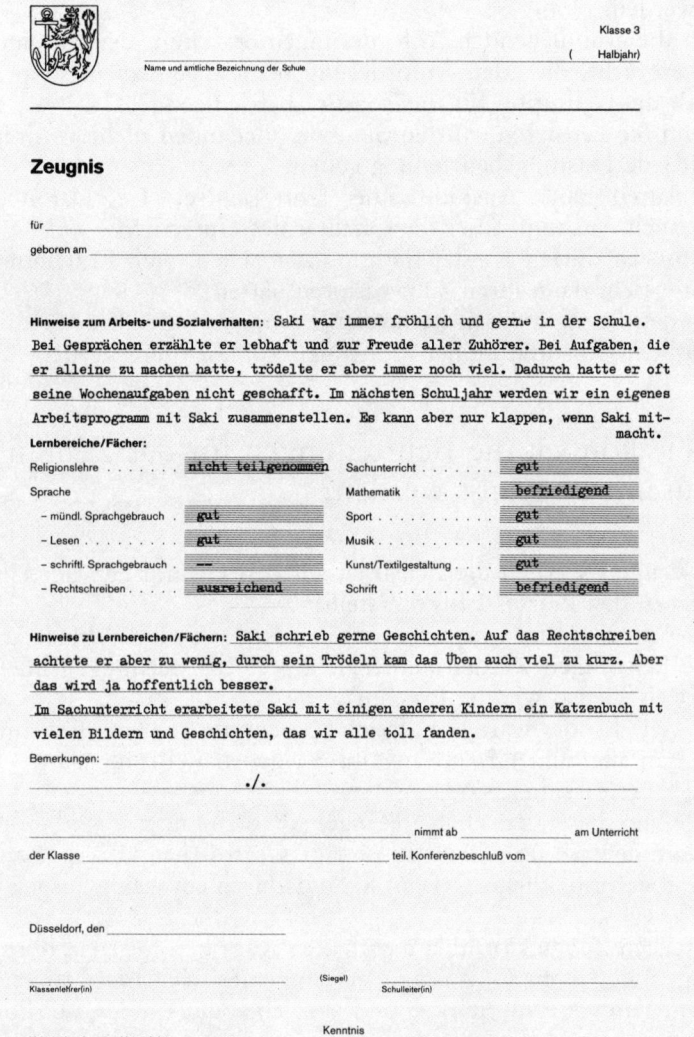

Klasse 3

(Halbjahr)

Name und amtliche Bezeichnung der Schule

Zeugnis

für

geboren am

Hinweise zum Arbeits- und Sozialverhalten: Saki war immer fröhlich und gerne in der Schule. Bei Gesprächen erzählte er lebhaft und zur Freude aller Zuhörer. Bei Aufgaben, die er alleine zu machen hatte, trödelte er aber immer noch viel. Dadurch hatte er oft seine Wochenaufgaben nicht geschafft. Im nächsten Schuljahr werden wir ein eigenes Arbeitsprogramm mit Saki zusammenstellen. Es kann aber nur klappen, wenn Saki mitmacht.

Lernbereiche/Fächer:

Religionslehre	nicht teilgenommen	Sachunterricht	gut
Sprache		Mathematik	befriedigend
– mündl. Sprachgebrauch	gut	Sport	gut
– Lesen	gut	Musik	gut
– schriftl. Sprachgebrauch	—	Kunst/Textilgestaltung	gut
– Rechtschreiben	ausreichend	Schrift	befriedigend

Hinweise zu Lernbereichen/Fächern: Saki schrieb gerne Geschichten. Auf das Rechtschreiben achtete er aber zu wenig, durch sein Trödeln kam das Üben auch viel zu kurz. Aber das wird ja hoffentlich besser. Im Sachunterricht erarbeitete Saki mit einigen anderen Kindern ein Katzenbuch mit vielen Bildern und Geschichten, das wir alle toll fanden.

Bemerkungen:

./.

der Klasse _____ nimmt ab _____ am Unterricht teil. Konferenzbeschluß vom _____

Düsseldorf, den _____

Klassenlehrer(in)   (Siegel)   Schulleiter(in)

40/859 – 11.82

Wiederbeginn des Unterrichts: _____   Kenntnis genommen: _____
Erziehungsberechtigte

Literatur

H. Bartnitzky/R. Christiani: Zeugnisschreiben in der Grundschule. Agentur Dieck (Heinsberg) 1987

14

Deutsch
Dietlind Reinartz-Essers
Mündlicher Sprachgebrauch

In die Beurteilungen des mündlichen Sprachgebrauchs fließen häufig Erwägungen ein, die mit dem, was beurteilt werden soll, kaum etwas zu tun haben. Das Kind beispielsweise, das sich, aus welchen Gründen auch immer, nicht traut, mündliche Beiträge im Unterricht beizusteuern, bekommt eine schlechte Note. Ein anderes Kind wartet die Gesprächsentwicklung ab und gibt dann im richtigen Moment den passenden Beitrag ab, der das Gespräch entscheidend weiterbringt. Es wird mit aller Wahrscheinlichkeit die bessere Note bekommen. Mancher Lehrer ist auch froh, wenn ein Kind überhaupt einen mündlichen Beitrag beisteuert, auch wenn die Qualität der Äußerungen keine besonderen Kenntnisse und Fähigkeiten verrät. Beurteilungen im mündlichen Sprachgebrauch beziehen sich also zumindest teilweise auf die Beteiligung des Schülers am Unterricht und sein Verhalten. Zudem wirkt sich in diesem Bereich die unterschiedliche Sprachfähigkeit, die die Kinder mitbringen, besonders aus. Kinder, die aus einem Elternhaus mit einem höheren Sprachniveau kommen, haben von vorneherein Vorteile gegenüber Kindern aus einem sprachschwächeren Milieu. Noten für den mündlichen Sprachgebrauch beurteilen dann häufig das, was die Kinder von zu Hause mitbringen (oder nicht mitbringen), und nicht das, was sie im Unterricht lernen konnten.

Damit stellt sich die Frage: Nach welchen Maßstäben soll die Beurteilung im mündlichen Sprachgebrauch erfolgen?

1. Um welche Leistungen geht es im mündlichen Sprachgebrauch?

Im mündlichen Sprachgebrauch lassen sich einige Schwerpunkte ausmachen, die im folgenden anhand von Beispielen verdeutlicht werden. Diese Beispiele zeigen gleichzeitig die Leistungen der Kinder auf.

Die häufigste Form des mündlichen Sprachhandelns im Alltag der Kinder ist das *Erzählen* von selbsterlebten Geschehnissen, Ereignissen oder Erlebnissen. Ausgehend von dem spontanen Mitteilungsbedürfnis der Kinder sollen sie durch den Unterricht zu planvollem Erzählen und aktivem Zuhören angeleitet werden. Was ist beim Erzählen zu lernen? Kinder müssen lernen, einzuschätzen, ob das, was sie erzählen wollen, den Zuhörer interessiert (Auswahl des Erzählgegenstandes). Sie müssen auch lernen, ihre Erzählung so zu gestalten, daß der Zuhörer sie versteht und daß sie Aufmerksamkeit, Spannung etc. erzeugt (Einsatz bestimmter Erzähltechniken).

Beispiel: Erzählung

Folgende Situation wird durch Bild und Text vorgegeben: Ein Kind berichtet den heimkommenden Eltern von dem Anruf eines Onkels, der zu Besuch kommen will. Weil das Kind jedoch sehr aufgeregt ist, ist die Erzählung bruchstückhaft, ungeordnet und damit nicht verständlich. Die Kinder sollen nun versuchen, die Geschichte verständlich zu machen. Dabei müssen sie die fehlenden Informationen ergänzen und einen richtigen Aufbau der Erzählung herstellen. Durch Vergleichen verschiedener Erzählmöglichkeiten sollen die Kinder dabei erkennen, daß es für den „richtigen" Aufbau nicht nur eine Form der Reihenfolge gibt, sondern mehrere Möglichkeiten. Welche Möglichkeit jedoch gewählt wird, Kriterium der Richtigkeit ist stets dieVerständlichkeit der Erzählung.

Kinder müssen lernen, *den Umgang miteinander zu gestalten*. Innerhalb des Schul- und Klassenlebens gibt es viele Möglichkeiten dazu. Eine davon ist sicher, in Konfliktsituationen Lösungen zu finden.

Beispiel: Streit

Ausgangssituation kann eine reale Streitsituation in der Klasse sein. Dabei sind die Kinder jedoch in der Regel zu sehr betroffen und können ihr eigenes sprachliches Verhalten nur schlecht reflektieren. Besser ist es in diesem Fall, anhand einer vorgegebenen Situation zu arbeiten. Durch Fotos und Texte – etwa Vorwurfsäußerungen – kann eine Situation vorgestellt werden, in der Kinder einer Klasse einem Mitschüler nach einem verlorenen Spiel die Schuld geben.

Die Kinder können nun im Rollenspiel erproben und darüber nachdenken, wie man auf die Vorwürfe reagieren könnte. Sie können nach Lösungen des Streits suchen, in Rollenspielen erproben und reflektieren.

Die Fähigkeit und Bereitschaft der Kinder, sich sachbezogen zu äußern, muß zu einer planvollen sachbezogenen Verständigung weiterentwickelt werden.

Beispiel: Wegbeschreibung

Die Kinder einer Klasse sollen lernen, ihren Mitschülern anhand eines Stadtplans zu beschreiben, wo sie wohnen. Dabei müssen sie präzise und differenziert bestimmte Informationen geben. Sie müssen beispielsweise den Ausgangs- und Endpunkt des Weges benennen, evtl. markante Punkte zur Orientierung (z. B. links abbiegen). Die Wegbeschreibung muß zudem in der richtigen Reihenfolge formuliert sein. Dabei müssen die Kinder auch ihren Ansprechpartner im Auge behalten, z. B.: Kennt er sich in der Umgebung aus oder ist er fremd?

Etwas darstellen, in Szene setzen kommt der Spielfreude der Kinder entgegen. Allerdings gehört zum *szenischen Spielen* eine Reihe von Fähigkeiten wie z. B. der bewußte und rollenadäquate Einsatz von Gestik, Mimik, Bewegung, Aussprache und Betonung, die Abstimmung mit den übrigen Mitspielern. Auch die kritische Beobachtung, Besprechung und Weiterentwicklung gespielter Szenen gehört zu den Fähigkeiten, die Kinder lernen müssen.

Beispiel: Textspiel

Die Kinder sollen einen Spieltext, der außer dem Sprechtext auch Spielanweisungen enthält, szenisch darstellen. Dazu müssen sie den Inhalt der Handlung verstehen, die Rollenverteilung erkennen, die Funktion der Spielanweisungen verstehen, die jeweilige Rolle in Einklang mit dem Spielverlauf und dem Textverständnis in Verbindung mit den Spielanweisungen bringen, den Text entsprechend lesen bzw. auswendig vortragen, und Gestik, Mimik, Bewegung, Stimmführung etc. bewußt einsetzen.

Die Kinder müssen lernen, *Gespräche zu führen.* Sie müssen Gesprächsregeln entwickeln und die Bereitschaft, diese einzuhalten, etwa zum Thema sprechen, andere ausreden lassen, eigene Beiträge zurückstellen, eigene Äußerungen auf die Äußerungen anderer Kinder beziehen.

Beispiel: Gesprächsregeln

Um Gespräche zu führen, ist es notwendig, sich an Regeln zu halten. Diese Regeln müssen die Kinder *selbst* finden. Sinnvoll ist es, die Kinder die Unruhe und das Durcheinander beim Miteinandersprechen bewußt erfahren zu lassen: Eine Möglichkeit dazu ist der Einsatz eines Cassettenrecorders; beim Abhören erfahren die Kinder, daß kein Gespräch möglich ist, wenn alle durcheinander sprechen. Daraus erwachsen Vorschläge der Kinder, wie sie zu einem geordneten Miteinandersprechen kommen können. Als Hilfe beim Gesprächeführen kann ein „Gesprächsstein" dienen, der immer zu dem Kind weiterwandert, das das Wort erhalten hat.

2. Wie können die Kinder ihre Leistungen zeigen?

Die gesprochene Sprache ist für den Sprachunterricht in der Grundschule der entscheidende Ausgangspunkt und das zentrale Medium. Die übrigen Bereiche des Sprachunterrichts werden aus Sprechsituationen heraus entwickelt und durch mündliche Sprachverwendung gefördert. Die Leistungen der Kinder zeigen sich daher nicht nur in den eigens für den mündlichen Sprachgebrauch bereitgestellten Situationen, sondern auch dann, wenn gesprochene Sprache dazu benutzt wird, um über Sprache nachzudenken, sich schriftlich zu äußern, mit Texten umzugehen. Darüber hinaus ist mündlicher Sprachgebrauch der Bereich, der fächerübergreifend sprachliche Leistungen abverlangt (etwa im Sachunterricht). In allen Lernbereichen gibt es immer wieder Fragen, Probleme, Situationen, die sprachliche Handlungen und damit sprachliche Leistungen verlangen.

Die eingangs vorgestellten Beispiele weisen relativ klar umrissene Lehr- und Lernziele für den mündlichen Sprachgebrauch auf. Die Leistungen der Kinder sind damit eingebunden in den Lehr- und Lernprozeß. Nicht das Ergebnis allein stellt dabei eine Leistung dar, sondern der Weg des Kindes zu diesem Lernergebnis. Dies sei an dem Beispiel aus dem Bereich des szenischen Spielens verdeutlicht. Die Leistung der Kinder läßt sich nicht nur am Produkt, der Aufführung selbst, ablesen, sondern an dem Weg dorthin. Wie macht man das, Spielanweisungen wie nachdenklich, zornig, traurig etc. in Darstellung umzusetzen? Welche Gestik, Mimik, Bewegung etc. fordert eine bestimmte Rolle? Im Prozeß der Erarbeitung eines Stückes werden von den Kindern Vorschläge, Ideen, aber auch bewußtes Sehen, Hören, Nachdenken, Vergleichen etc. verlangt.

3. Wie können die Kinder zu diesen Leistungen angeregt werden?

Wenn die Kinder in die Schule kommen, bringen sie eine gewisse Sprachfähigkeit mit, die jedoch sehr unterschiedlich ausgeprägt sein kann. Der Lehrer/die Lehrerin muß den Sprachstand der einzelnen Schulanfänger sehr genau beobachten, um dort anzusetzen, wo die Kinder sprachlich stehen. Differenzierende Maßnahmen sind erforderlich. Die eingangs beschriebene Wegbeschreibung muß keineswegs gleiche Anforderungen an alle Kinder stellen. Schwächere Kinder könnten z. B. Wörterlisten oder Satzmuster als Hilfe erhalten. Auch hinsichtlich der Vielfältigkeit der Sprachmittel (einfache Sätze – komplexere Satzstrukturen) sind unterschiedliche Anspruchsniveaus denkbar.

Neben den Unterschieden in der Sprachfähigkeit gibt es weitere Faktoren, die den Sprachgebrauch der Kinder beeinflussen können. So kennen wir alle Kinder, die erst einmal die Angst, in der Klasse zu sprechen, überwinden müssen. Sie brauchen Hilfen, um solche Hemmschwellen zu überwinden: etwa durch das Spielen mit Handpuppen, Stockpuppen und ähnliches Sprechangst abbauen, weil das Kind sich sozusagen hinter der Puppe verstecken kann. Auch sollten die Kinder so häufig als möglich in der Kleingruppe (z. B. Tischgruppe) miteinander sprechen können, um Sprechangst abzubauen.

Die Kinder sollten von Beginn ihrer Schulzeit an daran beteiligt werden, einzelne Phasen des Unterrichtsablaufs mitzuplanen und mitzugestalten: etwa den Ablauf eines Schultages oder der Schulwoche, die Gestaltung von Geburtstagsfeiern und ähnlichem, die Gestaltung des Klassenraumes, der Pause miteinander besprechen. Es gibt viele Möglichkeiten im Schul- und Klassenleben, um miteinander Gespräche zu führen. Situationen aus dem Schulalltag motivieren die Kinder zu mündlichem Sprachhandeln, weil sie die Kinder direkt betreffen. Sie erfahren dabei, daß sprachliches Handeln einen Sinn hat. Besonders für diesen Bereich gilt, daß das Sprachverhalten des Lehrers beispielgebend ist.

4. Welche Bedingungen können die Leistungen der Kinder beeinflussen?

Wegen der unterschiedlich ausgeprägten Sprachfähigkeit der Kinder ist es im Unterricht nötig, unterschiedliche Ausgangs- und Entwicklungsbedingungen zu berücksichtigen. Kinder aus einem sprachärmeren Milieu, aber auch Kinder mit anderen Ausgangssprachen – etwa ausländische Kinder –, sowie solche mit sprachlichen Hemmungen psychischer Art stellen Anforderungen an den Lehrer/die Lehrerin.

Eine wichtige Rolle spielt auch der „Umgangston" in einer Klasse. Mit Umgangston ist nicht nur das Sprachverhalten selbst gemeint, sondern die Art des Miteinanderumgehens. Wenn bei sprachlichen Fehlern eines Kindes die übrigen Kinder lachen, wird dieses Kind sich in Zukunft weniger oder gar nicht trauen, sich zu äußern, aus Angst, verlacht zu werden.

5. Wie können die Leistungen der Kinder beurteilt werden?

Die Beurteilung der Leistungen im mündlichen Sprachgebrauch muß in Zusammenhang stehen mit dem Lehr- und Lernprozeß. Nur das kann und sollte beurteilt werden, was die Schüler auch wirklich im Unterricht lernen konnten, und nicht das, was sie bereits beherrschen bzw. was sie von zu Hause mitbringen (oder nicht mitbringen). Für die Beurteilung eignen sich allerdings nicht alle Aufgabenbereiche des mündlichen Sprachgebrauchs gleichermaßen. Vor allem der Bereich, den Umgang miteinander zu gestalten, aber auch die Fähigkeit, Gespräche miteinander zu führen, eignen sich für eine Beurteilung nicht gut. Es besteht die Gefahr, daß neben den Leistungen im mündlichen Sprachgebrauch mehr die sozialen und affektiven Fähigkeiten beurteilt werden. Besser beurteilen lassen sich die Leistungen beispielsweise aus dem Bereich der sachbezogenen Verständigung. Nehmen wir das Beispiel der Wegbeschreibung.

Die *Wegbeschreibung* muß enthalten:
- Ausgangs- und Endpunkt des Weges
- markante Punkte zur Orientierung
- Richtungsangaben
- richtige Reihenfolge.

Wie bereits dargelegt, können diese Anforderungen auf unterschiedlichen Anspruchsebenen realisiert werden. Zusätzliche Aufgabe könnte noch sein, daß sprachlich begabtere Kinder versuchen, die Wegbeschreibung ohne Hilfsmittel (Stadtplan) zu geben. Dies erfordert Vollständigkeit und Folgerichtigkeit in der Beschreibung. Sprachschwächere Kinder könnten den Weg mit Hilfe der Karte erklären. Bis auf welches Niveau grundlegender Anforderungen gegangen wird, hängt vom Sprachstand der Klasse und des jeweiligen Kindes ab.

Die Leistungen der Kinder sollten anhand von Beobachtungsnotizen festgehalten werden. Dies muß keineswegs ohne Wissen der Kinder geschehen. Sie sollten erfahren, welche Sprachaufgabe sie mündlich lösen sollen, was sie dabei leisten sollen und wie ihre Leistung beurteilt wird.

Beispiel für eine Beobachtungsnotiz:

Mündliche Sprachaufgabe: Einem Mitschüler einen Weg beschreiben
- Wir beschreiben einem Mitschüler den Weg zu uns nach Hause.
- Wir müssen den Ausgangs- und Endpunkt des Weges angeben.
- Wir müssen Angaben über die Richtung (rechts, links, geradeaus) machen.
- Wir beschreiben den Weg in der richtigen Reihenfolge.

Damit weiß das Kind, welche grundlegenden Anforderungen es erfüllen muß. Genügt es diesen Anforderungen, kann seine Leistung mit „befriedigend" beurteilt werden. Enthält die Wegbeschreibung nicht alle o. g. Punkte, kann die Note „ausreichend" gegeben werden.

Differenzierte Aufgabenstellung könnte sein: Wird die Wegbeschreibung mit Hilfe eines Stadtplans oder frei gemacht? Ein Kind, das alle Grundanforderungen erfüllt und seine Wegbeschreibung ohne Hilfe eines Stadtplanes macht, könnte für seine Leistung die Note „gut" oder „sehr gut" erhalten.

Die Anspruchshöhe der Anforderungen kann nicht verbindlich für alle Klassen festgelegt werden. Dies muß von Klasse zu Klasse individuell je nach dem Leistungsvermögen der Kinder entschieden werden. Bei unserem Beispiel für eine Beobachtungsnotiz fehlt daher auch die Angabe der Klasse. Die dort genannten Grundanforderungen können Kinder vielleicht schon zu Beginn des 3. Schuljahres erfüllen, andere Klassen schaffen dies unter Umständen erst im 4. Schuljahr.

6. Wie werden die Beurteilungen zur Zeugniszensur zusammengefaßt?

Anhand einer Reihe von Beobachtungsnotizen kann am Ende eines Schulhalbjahres eine Zeugniszensur ermittelt werden. Dabei kann die Note „mangelhaft" im Regelfall nicht gegeben werden. Bei dem o. a. Beispiel der Wegbeschreibung würde die Note „mangelhaft" bedeuten, daß das entsprechende Kind nicht in der Lage ist, mündlich auch nur in Ansätzen zu beschreiben, wie sein Schulweg verläuft. Dies ließe auf tiefgreifende Störungen sprachlicher, psychischer oder sozialer Art schließen, die eine spezifische Betreuung und Behandlung erfordern, die von der Grundschule nicht geleistet werden kann.

Dietlind Reinartz-Essers
Schriftlicher Sprachgebrauch

Aufsätze beurteilen ist schwer. Bei allem Bemühen um Objektivität stellen Aufsatznoten häufig eine Mischung aus objektiven Kriterien und subjektiven Einschätzungen dar. Woran liegt das? Aufsätze sind Texte, auf die unterschiedliche Reaktionen des Lesers möglich sind, entsprechend seinen persönlichen Vorlieben, Interessen und Neigungen. Daher kommen mehrere Beurteiler eines Aufsatzes nicht immer zum gleichen Ergebnis. Neben diesem subjektiven Moment wissen wir aus der Beurteilungsforschung um weitere mögliche Fehlerquellen: So spielt beispielsweise die Reihenfolge, in der Aufsätze beurteilt werden, eine Rolle. Auch die Einbeziehung der Persönlichkeit des Schreibers kann in unterschiedlichem Maße die Beurteilung beeinflussen. Unter Umständen fließen in die Beurteilung auch Erwägungen mit ein, die sich weder auf den vorangegangenen Unterricht noch auf schreibdidaktische Zielsetzungen beziehen.

Um dennoch zu einer gewissen Objektivität zu gelangen, hat man versucht, Kriterienkataloge zu entwickeln. Kriterienkataloge sind jedoch fragwürdig. Sie geben zum einen normative Muster vor, wie denn eine bestimmte Textsorte auszusehen habe. Zum anderen werden sie in der Regel auf das Endprodukt, das heißt den fertigen Aufsatz, angewandt. Sie berücksichtigen nicht die Leistungen des Kindes im Verlauf des gesamten Schreibprozesses.

1. Um welche Leistungen geht es?

Beispiel: Phantasiegeschichte

Die Kinder einer Klasse sollen zu den drei Wörtern *Kinder-Höhle-Zwerg* eine Phantasiegeschichte schreiben. Aus den einzelnen Texten soll ein Buch mit phantastischen Geschichten für die Leseecke werden.

Zur Bewältigung dieser Schreibaufgabe ist eine Reihe von Leistungen notwendig. Die Kinder müssen:
- früher erworbene Wahrnehmungen, bereits vorhandene Vorstellungen und Einschätzungen aktivieren und gegebenenfalls zu ei-

nem neuen Komplex verknüpfen. So können beispielsweise die Wörter Höhle-Zwerg die Vorstellung von etwas Phantastischem, Geheimnisvollem wecken. Das Wort „Kinder" ermöglicht einerseits eine Identifizierung der Schüler mit den Kindern in der Geschichte (kann also Übertragung eigener Handlungsvollzüge in den Text bedeuten), andererseits können sich die Kinder innerhalb des Beziehungsgefüges der drei Wörter Kinder-Höhle-Zwerg von bestimmten realen Zwängen befreien.

- Textideen entwickeln (Was könnte passieren? Wie könnte die Geschichte ausgehen? etc.), diese Textideen mündlich erproben und gewichten.
- sprachliche Mittel finden und diese mündlich ausprobieren (z. B. Anfang finden, der sofort Spannung erzeugt; Spannungsbogen bis zum Schluß durchhalten, evtl. wörtl. Rede einsetzen)
- Schreibhinweise entwickeln im Hinblick auf:
  ● den Adressaten und dessen Leseerwartung (Mitschüler, evtl. andere Klasse; der Leser will sich unterhalten lassen)
  ● die Textsorte/Textfunktion (Erzählen einer phantastischen Geschichte, in der die Wörter Kinder – Höhle – Zwerg eine wichtige Rolle spielen und in einem Zusammenhang stehen)
  ● die Schreibintention (andere unterhalten)
  ● die formalen Mittel (Erzählzusammenhang, Spannungsbogen, Anschaulichkeit durch den Einsatz von Adjektiven).

Aus diesen allgemeinen Anforderungen können sich folgende konkrete Schreibhinweise als Grundanforderungen ergeben:

- Wir schreiben eine Geschichte für ein Geschichtenbuch.
- Die Geschichte soll phantastisch sein.
- In der Geschichte spielen die Wörter Kinder – Höhle – Zwerg eine Hauptrolle.
- Mit Adjektiven kann man die Geschichte anschaulicher machen.

Nach dieser Planungsphase schreiben die Kinder nun ihre Geschichte auf, d. h. sie setzen ihre Text- und Gestaltungsideen in sprachliche Folgen wie Wörter und Sätze um. Die Planungsphase ist jedoch keineswegs abgeschlossen: während des Schreibvorgangs entwickelt das Kind unter Umständen neue Textideen oder differenziert seine zuvor entwickelten Vorstellungen. Ebenso laufen Überarbeitungsprozesse während des gesamten Schreibvorgangs mit: Schreiben ist ein ständiger Wechsel zwischen Lesen und Schreiben, Überarbeiten und Entwerfen. Dabei stellt das Kind vielleicht Sätze um, verändert Handlungsfolgen usw. Indem das Kind immer wieder einzelne Wörter und Sätze mit der Vorstellung, die es beim Planen und Entwerfen gewonnen hat, vergleicht, nähert es sich schreibend seiner zu Beginn des Schreibvorgangs noch vagen Idee vom Text. Beim Schreiben und durch das Schreiben wird diese Textidee zunehmend klarer und konkreter und erfährt unter Umständen Abwandlungen.

Nachdem der erste Entwurf entstanden ist, beurteilen die Kinder den eigenen Text und die Texte anderer aufgrund der zuvor erarbeiteten Planungshinweise. Sie sollen Anregungen zur Verbesserung fremder Texte geben und Vorschläge zur Verbesserung des eigenen Textes nutzen und anwenden.

Im folgenden zwei Beispiele für Textüberarbeitungen, die die Leistungen der Kinder verdeutlichen können.

Erstes Beispiel

Erstentwurf:

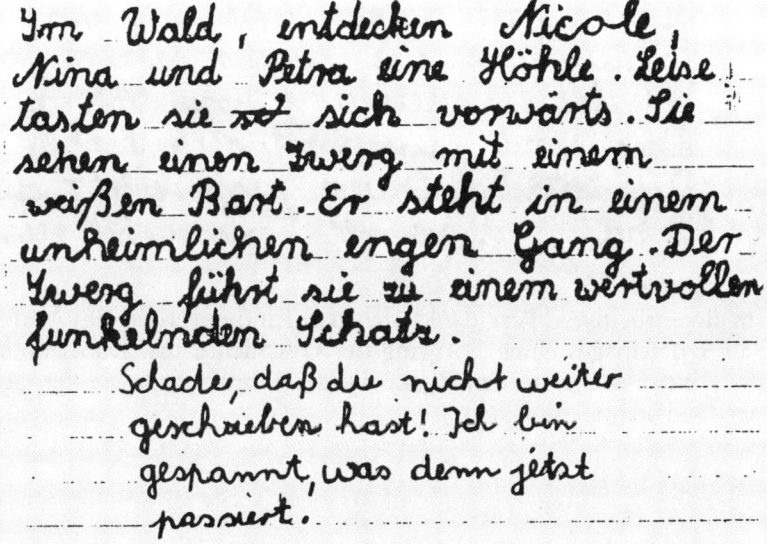

In diesem Textbeispiel hat das Kind zwar die Wörter Kinder-Höhle-Zwerg in einen Handlungszusammenhang gebracht und die Geschichte durch die Verwendung von Adjektiven anschaulicher gemacht. Die Geschichte hat jedoch noch keinen Schluß – zumindest nicht für den fremden Leser. Der Schreiber mag vielleicht der Ansicht gewesen sein, daß das Hinführen zu einem wertvollen, funkelnden Schatz durch den

Zwerg durchaus das Ende des Textes darstellt. Dabei hat das Kind jedoch die Erwartung des Lesers, etwas über die Reaktion der Kinder zu erfahren, vergessen.

Überarbeitung:

Im Wald, entdecken Nicole, Nina und Petra eine Höhle. Leise tasten sie sich vorwärts. Sie sehen einen Zwerg mit einem weißen Bart. Er steht in einem engen Gang. Der Zwerg führt sie zu einem wertvollen, funkelnden Schatz. Sie öffnen mit einem Schlüssel die Schatzkiste. Die Kinder sehen Gold, Kristalle, Edelsteine und Schmuck. Das sind alles wertvolle Sachen. Die Kinder freuen sich über den Schatz, denn jetzt sind sie reich.

Im überarbeiteten Text denkt sich das Kind aufgrund des Verbesserungsvorschlages einen Fortgang der Geschichte aus. Dabei kommen die Kinder wieder in den Blick, die der Schreiber nun in den Schluß der Geschichte einbezieht.

Zweites Beispiel

Erstentwurf:

Die Zeichen am Rand haben folgende Bedeutung:

> A = Hier stimmt was nicht! Lies den Satz einem Partner vor!
> G = Das Wort gehört zum Grundwortschatz!
> R = Rechtschreibfehler. Sieh im Wörterbuch nach!

(Die Anregung zu diesem Schema stammt von Frau H. Gräser)

Dieser Text enthält eine Reihe von Fehlern im Bereich der Syntax. Auch die Wortwahl ist nicht sehr variabel. Sätze mit Fehlern im Satzbau sind durch das Zeichen A markiert. Die Kinder wissen, daß diese Sätze nicht richtig sind, und haben gelernt, damit umzugehen: einem Partner muß der Satz vorgelesen werden. Durch das laute Sprechen und Hören finden die Kinder in der Regel heraus, daß der Satz sich falsch anhört und suchen probeweise mündlich nach neuen Lösungen. Die häufige Verwendung des Wortes „gingen" wird zwar ebenfalls am Rand markiert; damit das Kind jedoch genau weiß, in welcher Richtung es nach neuen Lösungen suchen muß, wird dies als Hinweis gegeben.

Der Schreiber hat auch noch Schwierigkeiten mit der Zeitform. Denkbar wäre, auch dies mit dem Zeichen für Ausdruck zu versehen. Dies ist nicht geschehen, um das Kind nicht zu überfordern. Die Hinweise zur Überarbeitung dürfen nicht so umfangreich sein, daß sich die Kinder dabei überfordert fühlen. Daher hat die Lehrerin in diesem Fall die Zeitformen verbessert. Das Zeichen „G" am Rand bezieht sich auf einen Rechtschreibfehler und sagt dem Kind, daß dieses Wort zum Grundwortschatz gehört und daher verfügbar sein sollte. Rechtschreibfehler bei Wörtern, die nicht zum Grundwortschatz gehören, werden markiert. Je nach Leistungsstärke des Kindes kann es das falschgeschriebene Wort entweder im Wörterbuch selbst nachsehen, oder der Lehrer verbessert das Wort.

Überarbeitung:

Die Überarbeitung zeigt die Leistung des Kindes: die im Erstentwurf inhaltlich offenen Stellen sind gefüllt. Ebenso hat sich die sprachliche Form des Textes verändert; die Sätze sind jetzt richtig gebildet und auch die Wortwahl ist zumindest etwas ausdrucksstärker geworden.

2. Wie können die Kinder zu diesen Leistungen angeregt werden?

Die Motivation der Kinder wird vor allem durch die Erfahrung des Leistenkönnens gesteigert. Um Kindern diese Erfahrung zu ermöglichen, müssen die Anforderungen differenziert werden. Am Beispiel der zuvor beschriebenen Phantasiegeschichte seien einige Differenzierungsmöglichkeiten aufgezeigt:

- Die Phase des mündlichen Erprobens kann für schwächere Kinder wesentlich verlängert und damit intensiviert werden.
- Im Hinblick auf den speziellen Text können zusätzliche Wörterlisten erstellt werden.
- Schwächere Kinder erhalten Satzstreifen, die in einen Textzusammenhang gebracht werden müssen.
- Einige Kinder können die Geschichte als Bildgeschichte malen (oder es wird ihnen eine Bildgeschichte zum Text vorgegeben) und Bildunterschriften oder Sprechblasen finden und einsetzen.
- Der Einsatz bestimmter sprachlicher Mittel (etwa von Adjektiven) muß nicht für alle Kinder verbindlich sein.
- Einige Kinder können ein Hörspiel daraus machen und auf eine Cassette aufnehmen.

Auf welches Niveau grundlegender Anforderungen zurückgegangen wird, kann bei keinem Schreibvorgang allgemein verbindlich festgelegt werden. Dies muß vielmehr der einzelne Lehrer im Hinblick auf die Kinder seiner Klasse und deren Möglichkeiten abwägen und einschätzen.

Wichtig ist, daß die Kinder von Beginn an durch differenzierte Aufgabenstellungen die Erfahrung des Leistenkönnens machen dürfen. Einige praktische Beispiele, wie solche differenzierten Aufgaben und Leistungen aussehen können:

Beispiel: Wohin der Drachen fliegt

Die Kinder eines 2. Schuljahres hatten einen kleinen Text von einem Drachen gelesen, der sich von der Schnur losriß und immer höher hinaufflog. Der Text endete mit der Frage: Wohin? Im mündlichen Gespräch fanden die Kinder Fortsetzungen der Geschichte. Beim Schreiben hatten sie die Möglichkeit, die Fortsetzung entweder nur zu malen, zu malen und mit Text zu versehen oder nur zu schreiben.

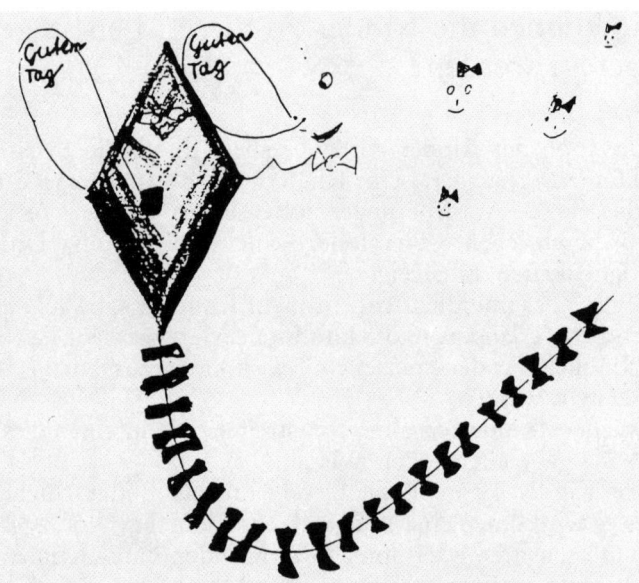

Er flog in den Sabrina Weltraum,
dort sah er einige Sachen:

Ufos, Planeten, Sternschnuppen.
Er hängte sich an die
Sternschnuppe und
flog auf die Erde.

Der Drache fliegt immer weiter,
Der Drache sah die Sonne,
dann sah er die Sterne,
und dann begrüßte er den Mond,
und dann fing es an zu regnen
Dann ging der Drachen kaputt.

Raia

Michael

Beispiel: Bildergeschichte

Eine Bildergeschichte sollte aufgeschrieben werden. Die Kinder hatten
die Möglichkeit, entweder Denk- und Sprechblasen in die Bildergeschichte zu setzen oder einen fortlaufenden Text ohne Bildanteile zu
schreiben. Dies ist von den beiden Möglichkeiten sicherlich die an-
spruchsvollere Aufgabe. Der Schreiber muß in diesem Falle alle für
den Fortlauf der Handlung wichtigen Informationen versprachlichen,
da die Bilder als Informationsträger fortfallen. Zudem muß er die Teile der Handlung, die zwischen den Bildern geschehen, dem Leser
mitteilen.

Kinder werden zum Schreiben auch motiviert, wenn die Schreibanlässe aus Situationen stammen, die für die Kinder wichtig und bedeutsam sind. Motivierend ist auch, wenn man an reale Adressaten (und
nicht nur für den Lehrer) schreibt. Möglichkeiten für ein sinnvolles
und adressatenbezogenes Schreiben finden sich vor allem im Schul-
und Klassenleben: Geschichtenbücher für die eigene Klasse, für eine
andere Klasse in der Schule, für eine Partnerklasse, an Eltern.

Der schlaue Hund

Tom ist müde. Er denkt: Endlich kann
ich in mein Bett. Als er in sein Zimmer
geht was sieht er da? Liegt doch glatt der
Hund Bello in seinem Bett. Er schimpft: Raus
aus meinem Bett. Da klettert Bello beleidigt aus
dem Bett und er denkt: Immer muß ich gehorchen,
Warte, das zahl ich dir heim." Kaum ist Tom
eingeschlafen, ist die Zeit gekommen Tom es
heimzuzahlen. Bello wartete bis Tom laut am
Schnarchen war. Dann schlich   er zum
Bett. Mit einem Satz war er im Bett.
So schliefen sie bis zum Morgengrauen.

Patrizia

Einige Möglichkeiten für Schreibvorhaben, die Spaß machen können:
Geschichten aus Bildern und Wörtern
Geschichten in einer neu erfundenen Sprache
Alte Märchen neu erzählt
Comics neu zusammensetzen
Eine Spielzeitung
Wir lügen wie gedruckt (Münchhausengeschichten)
Das Auto im Jahr 2000
Reingelegt (Eulenspiegelgeschichten)
Gespräche zu Bildern aufschreiben
Streitgespräche schreiben
Ein Herbstbuch anlegen (Herbstgedichte und -lieder, Pflanzen und Blätter, Herbstbräuche etc.)
Fernsehfragebogen
Das Klassentagebuch
Wunschhäuser (zeichnen, beschriften, beschreiben)
Tiergeschichten erzählen
Marionetten basteln, Bastelanleitung schreiben oder zeichnen
Ein Spiel mit Marionetten erfinden – Marionettentheater
Ein Buch über die Schule für Erstkläßler schreiben
Ich über mich (Selbstvorstellungsbilder)
Zu Fotos aus der Klasse Bildunterschriften finden
Aus Textteilen einen Text zusammenbauen
Zaubergeschichten
Einen Bericht über die Arbeit während einer Projektwoche schreiben
Kuckuckseier (Logische Reihen mit einem nicht passenden Begriff bilden)
Das finde ich schön in ... (Freizeittips für eine Stadt bzw. einen Stadtteil geben)
Erinnerungsheft an die Grundschulzeit
Klassenfahrtenbuch
Blumen- und Pflanzenbuch
Spiele mit Buchstaben und Wörtern
Gedichte verbildlichen

Spaß macht das Schreiben den Kindern vor allem dann, wenn sie erfahren, daß ihr Text von anderen gelesen wird, daß andere etwas damit anfangen können. Damit wird Schreiben für das Kind eine Möglichkeit zu handeln: etwa andere zu unterhalten (Reingelegt, Zaubergeschichten usw.) oder andere zu informieren (z. B. Ein Bericht über eine Projektwoche).

3. Wie können die Kinder ihre Leistungen zeigen?

Die Leistungen beim Schreiben zeigen sich nicht nur im Endprodukt, dem fertigen Text. Vielmehr erbringt das Kind im Verlauf des Schreibvorgangs eine Vielzahl von Leistungen. Wesentliche Ziele des Schreibens wie Texte *planen* (Schreibhinweise entwickeln, Textideen haben, sprachliche Mittel finden und gewichten), Texte *aufschreiben* (Schreibhinweise beachten, Textideen geschickt aussuchen und ausgestalten, sprachliche Mittel integrieren) und Texte *überarbeiten* (den eigenen Text und Texte anderer aufgrund von Schreibhinweisen kritisch beurteilen, Anregungen zur Verbesserung der Texte geben und nutzen) zeigen sich im Verlauf des gesamten Schreibprozesses (Bartnitzky, 1987).

Welche Leistungen das einzelne Kind während dieses Prozesses erbringt, muß beobachtet und in irgendeiner Weise festgehalten werden (z. B. in Form von kurzen Beobachtungsnotizen).

4. Welche Bedingungen können die Leistungen der Kinder beeinflussen?

Beim Verfassen von Texten wirkt sich in besonderem Maße die Sprachfähigkeit aus, die die Kinder von zu Hause mitbringen. Dies gilt besonders für die ausländischen Kinder. Aber auch die Unterrichtsarbeit in der Klasse kann dazu gerechnet werden: Gerade die sprachschwächeren Kinder brauchen vielfältige Anregungen und differenzierte Hilfen im Unterricht, um optimal gefördert zu werden. Weitere Bedingungen ergeben sich aus der Lernpsychologie.
- Kinder brauchen zum Schreiben konkrete Aufgabenstellungen. Bei unserem Eingangsbeispiel wußten die Kinder genau, welche Aufgaben sie zu erfüllen hatten. Sie sollten eine Geschichte für ein

Geschichtenbuch schreiben. Diese Geschichte sollte phantastisch und anschaulich sein.
- Die Kinder müssen genügend Zeit zum Schreiben haben.
- Bei Schwierigkeiten sollten die Kinder schon während des Schreibens ermutigt und durch Hinweise unterstützt werden.
Dies alles sollte im Rahmen eines möglichst großen Freiraums geschehen. Dieser Freiraum kann sich auf die Zeit beziehen (z. B. unterschiedliche Zeitdauer, aber auch zu unterschiedlichen Zeiten am Text arbeiten), auf Art und Umfang der Hilfestellung, auf den Schwierigkeitsgrad des zu schreibenden Textes.
Negativ auswirken können sich vorschnelle Bewertungen, durch die manche Kinder dann schnell die Lust verlieren. Das bedeutet nicht, auf kritische Reaktionen zu verzichten; diese müssen jedoch begründet und einsichtig sein und dem Schreiber Möglichkeiten zur Verbesserung aufzeigen.

5. Wie können die Leistungen der Kinder beurteilt werden?

Vor dem Schreiben eines Textes werden Schreibhinweise erarbeitet und im Unterricht geübt. Diese Schreibhinweise stellen zugleich die Beurteilungskriterien dar, an denen der Entwurf und der überarbeitete Text gemessen werden. Je nach Leistungsstand der Klasse muß jeder Lehrer/jede Lehrerin prüfen und verantworten, auf welches Niveau grundlegender Anforderung er/sie gehen kann.
Am Beispiel der Phantasiegeschichte mit den Wörtern *Kinder – Höhle – Zwerg* soll gezeigt werden, wie man die Texte beurteilen kann.
In der Planungsphase wurden folgende Schreibhinweise, die gleichzeitig die grundlegenden Anforderungen sind, erarbeitet:
- Wir schreiben eine Geschichte für ein Geschichtenbuch.
- Die Geschichte soll phantastisch sein.
- In der Geschichte spielen die Wörter *Kinder-Höhle-Zwerg* eine Hauptrolle.
- Mit Adjektiven kann man die Geschichte anschaulicher machen.
Darüber hinausgehende Anforderungen könnten sein:
- Hat der Schreiber eine originelle Textidee entwickelt, die über das gemeinsam Erarbeitete hinausgeht?
- Hat der Schreiber einen überraschenden Schluß gefunden?

Diese Anforderungen sind nicht einfach übertragbar auf eine andere Klasse. In einer Klasse, die sprachlich weniger leistet, könnte z. B. die Aufgabe, die Geschichte mit Adjektiven anschaulicher zu machen, entfallen und als darüber hinausgehende Anforderung gelten. Folgendes Zensierungsmodell kann nun auf den Erstentwurf *und* die Überarbeitung angewandt werden (Bartnitzky, Christiani 1987):

	grundlegende Anforderungen (Schreibhinweise für alle)	erweiterte Anforderungen (dazu weitere Ziele)
sehr gut	erfüllt	in besonderem Maße erreicht
gut	erfüllt	erreicht
befriedigend	erfüllt	-
ausreichend	im großen ganzen erfüllt	-

Ein solches Vorgehen bedeutet, daß die Leistungen der Kinder daran gemessen werden, was sie im Unterricht auch tatsächlich lernen konnten. Sprachbegabtere Kinder haben es auch bei diesem Beurteilungsmodus leichter, die gestellten Anforderungen zu erfüllen. Aber sprachschwächere Kinder haben mehr Möglichkeiten, etwas zu lernen und das Gelernte zu zeigen. Damit wird auch ihnen die Erfahrung des Erfolges vermittelt. Zugleich ist mit diesem Vorgehen, die zuvor erarbeiteten Schreibhinweise als Beurteilungskriterien zu verwenden, sichergestellt, daß diese für die Kinder transparent sind. Dabei können sie auch lernen, ihre Leistungen an bestimmten, zuvor erarbeiteten Maßstäben zu messen und zu objektivieren. Sie erfahren dabei auch, daß Leistung mit Anstrengung verbunden sein kann: denken wir etwa an die Anstrengung der Schreiber der ersten zwei Textbeispiele, die ihren Text überarbeitet haben.

Unter dem Aspekt, die Anstrengungsbereitschaft der Kinder zu fördern, ist auch die Frage der Rechtschreibung zu sehen. Im Entwurf sollten Rechtschreibfehler nicht beurteilt, jedoch markiert werden; gleichzeitig müssen Hilfen gegeben werden, die falsch geschriebenen Wörter richtig zu schreiben (vgl. Beispiel S. 27). Der überarbeitete Text sollte dann allerdings fehlerfrei sein. Hat das Kind sich jedoch nicht die Mühe gemacht, bzw. hat es sich nicht angestrengt, sollten Rechtschreibfehler durchaus in die Beurteilung einfließen.

Um dieses Modell zu verdeutlichen, ein weiteres Beispiel:

Beispiel: Kuckuckseier

Die Schreibaufgabe hieß: Wir schreiben Kuckuckseier für eine andere Klasse (Kuckuckseier sind Wörter, die nicht in eine logische Wortfolge hineinpassen).

Folgende Grundanforderungen wurden im Unterricht erarbeitet:
- Wir schreiben Wörter, die zueinander passen; ein Wort darf jedoch nicht in die Reihe passen.
- Unsere Parallelklasse soll die Kuckuckseier finden und die Lösung markieren können.
- Wir können die Wortreihen zeichnen oder schreiben.

Beispiel 1:

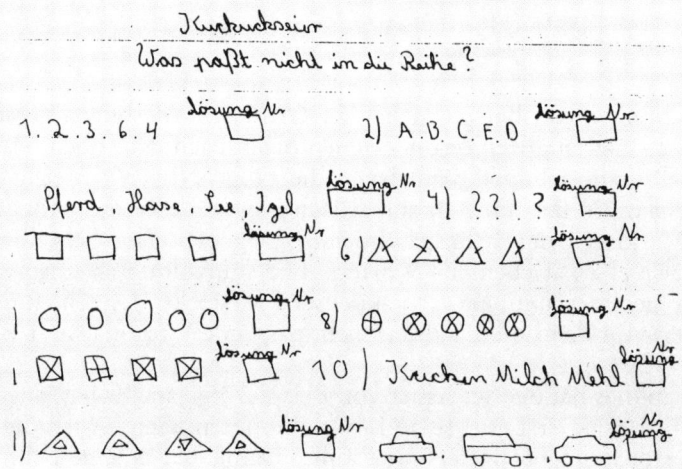

Beispiel 2:

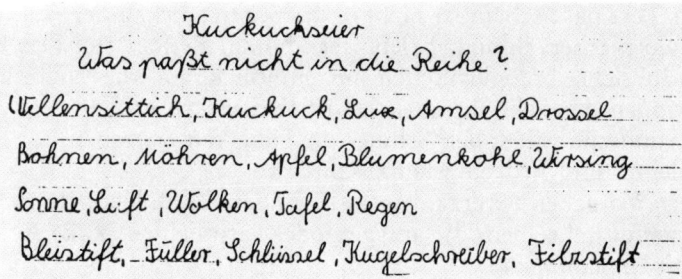

Beispiel 3:

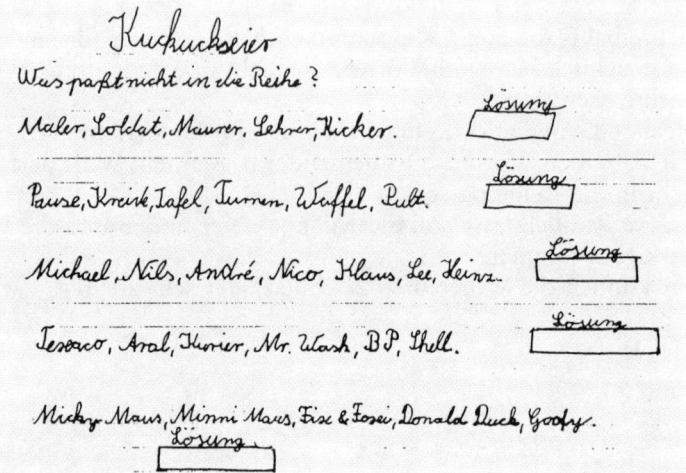

Der Schreiber von Beispiel 1 hat die Grundanforderungen gerade erreicht. Er hat eine Reihe von Zeichenfolgen nach dem oben beschriebenen Prinzip gebildet, von denen die Folge Nr. 10 vielleicht etwas strittig ist. Er hat auch daran gedacht, dem Leser die Möglichkeit zum Markieren der richtigen Lösung zu geben. Der Schreiber von Textbeispiel 2 hat ebenfalls Wörterreihen sinnvoll unter einem Oberbegriff gebildet und ein „Kuckucksei" versteckt. Es fehlen jedoch Hinweise für den Leser, wie das nicht passende Wort markiert werden soll.

Genau dies hat der Schreiber von Beispiel 3 getan. Er hat eine Form gefunden, wie der Leser seine Lösung notieren kann. Auch die übrigen Anforderungen hat er gut erfüllt. Damit hat er eine Schreibleistung erbracht, die über die Grundanforderungen hinausgeht.

Der eine oder andere Leser wird möglicherweise fragen, ob diese Schreibaufgabe überhaupt als Klassenaufsatz beurteilt werden kann. Dieser Text paßt scheinbar nicht in das Schema bekannter Aufsatzformen wie Nacherzählung, Erlebniserzählung, Bericht etc. Das Repertoire an Schreibmöglichkeiten im Hinblick auf die Vielzahl von Funktionen des Schreibens ist jedoch wesentlich, größer. Im Verlauf der Grundschulzeit sollen Schüler die Fähigkeit erwerben,
– Erlebtes und Erdachtes aufzuschreiben
– nach Vorgaben zu erzählen (z. B. Bilder, Bildfolgen, Reizwörter)
– Texte zu schreiben, die anregen oder verpflichten (z. B. Anleitungen, Einladungen)

– Texte zu schreiben, die dokumentieren und informieren (z. B. Notizen, Sachtexte).

Die Schreibaufgabe, Kuckuckseier zu erfinden und als Rätsel aufzuschreiben, gehört in den Bereich der Texte, die zum Handeln anregen wollen (der Leser soll die Rätsel lösen). Die Leistungen, die die Schüler bei dieser Aufgabe erbringen müssen, sind in den Grundanforderungen beschrieben.

Klassenaufsätze müssen nicht unbedingt in ein Klassenarbeitsheft eingetragen werden. Die Forderung, die Kuckuckseier so aufzuschreiben, daß eine andere Klasse sie lösen kann, ist nur möglich, wenn die Kinder auf lose Blätter (in diesem Fall waren es Karteikarten, die in Prospekthüllen gesteckt wurden) schreiben. Die Beurteilung der Texte kann dann nicht auf demselben Blatt erfolgen. Statt dessen können die Kinder „Briefe" erhalten. Der Schreiber des ersten Textbeispiels erhielt folgenden Brief:

> *Mir gefällt gut, daß du einige Reihen gemalt und einige geschrieben hast. Du hast auch an die Lösungskästchen gedacht.*

Das Kind erfährt mit diesem Brief, welche Grundanforderungen es erfüllt hat und welche nicht. Es kann jetzt seinen Text überarbeiten und weiß dabei genau, auf was es achten muß.

6. Wie können die Einzelnoten zu einer Zeugniszensur zusammengefaßt werden?

Zeugnisnoten können sich nicht auf die 3 oder 4 Klassenaufsätze pro Schulhalbjahr beziehen. Sie sollen vielmehr Auskunft geben über *alle* vom Kind erbrachten Leistungen. Dabei sind vor allem zwei Aspekte maßgeblich:
– Wir haben das Schreiben von Texten als einen komplexen Vorgang beschrieben, der dem Schreiber bestimmte Leistungen abverlangt. Die Zeugnisnoten können sich daher nicht nur auf das Endpro-

dukt, den fertigen Aufsatz beziehen, sondern sie müssen alle vom Kind erbrachten Leistungen während des *gesamten* Schreibvorgangs einbeziehen, z. B. seine Fähigkeiten, einen Text zu planen, aus der Schreibsituation Gesichtspunkte für den Text zu entwickeln, seinen Text zu überarbeiten und dabei verschiedene Überarbeitungsverfahren anzuwenden usw. Diese Leistungen müssen in Form von Beobachtungsnotizen festgehalten werden.

- Die Kinder sollten in der Schule wesentlich mehr schreiben als die geforderten Klassenaufsätze. Die zuvor genannten Schreibideen sind nicht als Themenkataloge für Klassenaufsätze zu verstehen, sondern Anregungen, damit Kinder gern schreiben. Das schließt jedoch nicht aus, daß bei jedem dieser Schreibvorhaben der Schreibprozeß der Kinder beobachtet und beurteilt werden kann. Dies kann ebenfalls als Beobachtungsnotiz festgehalten werden. Auch bei diesen Texten, die nicht als Klassenaufsatz mit Benotung gezählt werden, sollten die Kinder die kritischen Anmerkungen erfahren, etwa auch in Form von Briefen. Dabei sollte stets mitbedacht werden, daß das Beurteilen immer unter dem Aspekt der Förderung der Schreibfähigkeit stehen sollte. Jede Beurteilung muß den Kindern Möglichkeiten zeigen, ihre Schreibleistungen zu verbessern.

Eine Zeugnisnote, die auf diese Weise zustandekommt, berücksichtigt alle im Zusammenhang mit dem Schreibvorgang stehenden Leistungen der Kinder und sie stützt sich auf eine größere Anzahl von Texten. Diese Zeugnisnote ist in ihrer Aussagekraft wesentlich präziser als eine Zeugnisnote, die als arithmetisches Mittel von 3–4 sogenannten Klassenaufsätzen gebildet wurde.

Hannelore Gräser
Rechtschreiben

1. Um welche Leistungen geht es im Rechtschreiben?

Sie haben ein 3. Schuljahr. Zur Zeit steht der Schulgarten im Mittelpunkt Ihres Unterrichts: im Sach-, Kunst-, Musik- und Sprachunterricht. Im letztgenannten entsteht folgender Text für das Klassentagebuch:

Unser Schulgarten
Seit vorigem Jahr haben wir einen Schulgarten.
Jeder Klasse gehört ein Beet. Die Beete sind
durch Wege voneinander getrennt. Im Frühjahr
blühen Gänseblümchen im Gras. Wir haben im
Herbst Blumenzwiebeln in den Boden gesteckt:
Tulpen, Narzissen und Hyazinthen. Jetzt, im
April und Mai, blühen sie in verschiedenen
Farben.
Am 30. April besuchten wir Herrn Weiler im
Zentralschulgarten. Er zeigte uns die Aussaat
in einer Kiste, denn draußen ist es noch zu
kalt. Die Kiste gehört jetzt uns. Sie enthält
Salatsamen: Eissalat und Kopfsalat. Jeden
Tag schauen wir auf der Fensterbank nach,
ob die Keimblätter schon zu sehen sind, denn
dann müssen wir die kleinen Pflänzchen
pikieren. Bald darauf können wir sie ins
Freiland setzen.
Jetzt überlegen wir, was wir noch anpflanzen.

Der Weg zu einer solchen Leistung ist mühsam und lang. Hierzu muß die Rechtschreibung im 1. Schuljahr angebahnt werden und integrativ angelegt sein, d. h. die Kinder sollten grundsätzlich die Bedeutung des Schreibens in allen Lebensbereichen erfahren haben.

In diesem Fall schreiben sie nach sprachlichen Vorgaben frei auf, was sie erlebt haben (über etwas als Sachorientierung, für sich und andere als Ich- und Sozialorientierung). Sie verwenden ihre erworbenen Kenntnisse in einer sinnvollen Situation.

Schauen Sie nun einmal den Text genauer an. Sie werden entdecken, daß die Kinder bis zu diesem Zeitpunkt folgende konkrete Leistungen erbringen mußten:

- Wörter für den Rechtschreibgrundwortschatz sammeln und sichern, d. h. über die am häufigsten gebrauchten Wörter verfügen (Häufigkeits- und Übungswortschatz, z. B. haben, wir usw.)
- die elementaren Beziehungen von Lauten und Buchstaben erfassen sowie einfache und schwierige Abweichungen (z. B. j, v/f, ei/ai, st, sp, sch, ß)
- Regelungen erfassen und für den Transfer nutzen (Modellwortschatz, z. B. Groß- und Kleinschreibung, Zusammensetzung von Wörtern: Schulgarten, Ableitung: enthält, Länge von Vokalen: Beet, blühen, Kürze von Vokalen: Klasse, setzen, usw.) und
- Selbständigkeit in der Rechtschreibung erwerben (Zunehmen der Fähigkeit, der Rechtschreibung im allgemeinen, auch der eigenen, kritisch gegenüberzustehen, sie selbständig zu überprüfen und Hilfsmittel zu benutzen).

2. Wie können die Kinder zu diesen Leistungen angeregt werden?

Durchgängiges Prinzip muß die ständige Aktivierung des mündlichen Sprachgebrauchs innerhalb eines intensiven Klassenlebens sein. Mitteilungen an der Pinnwand und im o. g. Beispiel der Text für das Klassentagebuch bieten Schreibanlässe für funktionales Schreiben und sorgen damit für die schon angesprochene Integration von Schreiben und Rechtschreiben.

Freie Arbeit und Wochenplan ermöglichen individuelle Lernzeiten. Motivierendes Material, abwechslungsreich, spielerisch, gut selbst kontrollierbar, überschaubar wie z. B. Lernkarteien schaffen und erhalten Spaß am Rechtschreibüben. Häufiges, kurzes Üben einer begrenzten Zahl von Wörtern, verbunden mit einem individuellen Übungsprogramm nach Fehlerschwerpunkten, durch Ordnen, Durchgliedern und Anwenden in immer neuen Sinnzusammenhängen führt zu überschaubaren Erfolgen.

In meiner Klasse wird ein kleines Ringbuch mit Register für den Grundwortschatz geführt. In diesem Ringbuch befinden sich ein individuelles Übungsprogramm für jedes einzelne Kind, aufgestellt nach einer Fehleranalyse aus einem Rechtschreibtext, und eine aus der Arbeit der Klasse entstandene Sammlung von bekannten Übungen für alle Kinder.

Reihen-folge	Schwierig-keit	Übungsprogramm
	alle Buchstaben in der richtigen Reihenfolge	
1.	Laut-Buchstaben-sicherung	eu Qu, qu ß V, v Z, z
1.	Unterscheidung	u - ü, g - k - ck ch - sch
5.	Groß- und Klein-schreibung	
3.	Dopplung von Mitlauten	ff ll mm nn pp rr ss tt (ck)
	Dehnung	
4.	Ableitung	äu d - t am Ende
6.	Sonstiges für Sandy	unnötiges Hinzufü-gen von h, GWS üben

Diese Übungssammlung nannte ich an anderer Stelle „Rechtschreibkatalog", weil sich die Kinder – wie aus einem Katalog – die Übungen aussuchen können, die sie möchten oder die zu ihnen passen (Vgl. S. 44).

Das Korrekturverfahren spielt für die Motivation eine große Rolle. Die Kinder sollen zur selbständigen Korrektur angeregt werden. Hierzu korrigiere ich, mit Ausnahme von Klassenarbeiten, mit dem Bleistift durch Unterschlängeln an der Stelle, die einen Fehler enthält und markiere am Rand. Wenn die Kinder diese Stelle durch eigenen Vergleich mit der Vorlage verbessert haben, dürfen sie die Bleistiftzeichen wieder ausradieren und haben so ein sauberes Heft. In diesem

> Fange mit den Übungen abwechselnd vorne,
> in der Mitte oder hinten an!
>
> 1. Wörter mit schwierigen Stellen (nach
>   Deinem Übungsprogramm)
> 2. Namenwörter mit Begleitern in Ein-
>   zahl und Mehrzahl
> 3. ein-, zwei- und mehrsilbige Wörter
> 4. Namenwörter mit Wiewörtern und
>   Begleitern
> 5. Tunwörter in der Grundform und gebeugt
> 6. Sätze aus Namenwörtern und Tunwörtern
> 7. Wiewörter steigern
> 8. andere Wortarten, z. B. danach, noch
> 9. Sätze mit möglichst vielen Wörtern,
>   auch Unsinnsätze
> 10. Wörter trennen
> 11. Partnerdiktat: Wörter mit schwierigen
>   Stellen
> 12. Dosendiktat
> 13. Hängekartei
> 14. Langzeitprogramm (Lernkartei)

Zusammenhang habe ich mir auch angewöhnt, von „Verschreibungen" zu sprechen. Dieser Ausdruck hat eine wesentlich positivere
Wirkung als „Fehler". Auch die Diktatpraxis hat Auswirkungen auf
die Motivation zur Leistung. Darauf gehe ich im letzten Abschnitt nä-
her ein.

3. Wie können Kinder ihre Leistungen zeigen?

Rechtschreibleistungen werden täglich gezeigt, und nicht nur im
Rechtschreibunterricht, sondern in jedem Fach. In kaum einem anderen Bereich wie in der Rechtschreibung hat die Leistung jedoch
direkte Auswirkungen auf die Persönlichkeit.

Wenn wir davon sprechen, daß die Rechtschreibung nicht überbe-
wertet werden soll, dann ist damit gemeint, wie wir mit ihr umgehen,
nicht, daß wir sie außerhalb des Rechtschreibunterrichts vernachlässigen sollen. Die Rechtschreibung beginnt schon beim Abschreiben, der

Heftbeschriftung, der Heftführung, dem Umgang mit Korrigierhinweisen, und das in allen Fächern. Sie zeigt sich in der Anstrengungsbereitschaft bei jedem Schreibakt. Dabei reicht das Spektrum vom freien Schreiben über die täglichen Übungsdiktate bis zu den Klassendiktaten und ihrer Nacharbeit. Sie wird auch sichtbar in der Benutzung von Hilfs- und Arbeitsmitteln sowie der Bearbeitung von Lernkarteien oder anderen Langzeitprogrammen allgemeiner Art oder individuellen Zuschnitts. Kinder zeigen also nicht nur in den Klassenarbeiten ihre Leistungen, womit die Allmachtstellung des Diktats als einzige Möglichkeit des Leistungsnachweises aufgehoben ist.

4. Welche Bedingungen können die Leistungen der Kinder beeinflussen?

Hierbei müssen wir zwischen positiver und negativer Beeinflussung unterscheiden. Viele Aspekte positiver Beeinflussung wurden schon genannt. Sollten Ihnen noch einige gefehlt haben, so brauchen Sie von den folgenden Nennungen an negativen Bedingungen für die Leistung lediglich die Umkehrung vorzunehmen.

Aber hinsichtlich des Problems der vielen Kinder mit länger anhaltenden Rechtschreibschwierigkeiten ist es wichtig, sich einmal über die Bedingungen Gedanken zu machen, die die Leistungsbereitschaft und -fähigkeit im Rechtschreiben beeinträchtigen, wobei ich bewußt keine Unterscheidung zwischen Elternhaus und Schule vornehme, denn beide sind in die Pflicht gerufen. Ich gehe in etwa chronologisch vor.

Schon vor Schuleintritt spielen die sprachlichen Vorgaben aus Elternhaus und Kindergarten eine große Rolle auch in bezug auf das zukünftige Schreibverhalten. Keine oder negative Vorerfahrungen, ständige Konfliktbelastungen, eine allgemeine negative Lernmotivation beeinträchtigen besonders den Zugang zu diesem Lernbereich. Unabhängig davon können physische Handikaps vorliegen: motorische Probleme, Sprachfehler, Seh- oder Hörstörungen, usw. Sind die Kinder in der Schule, ist der Umgang mit den ersten Schreibversuchen der Kinder bedeutsam. Keine Würdigung des Geschriebenen, zunächst unabhängig von der Qualität der Ausführung, und Überreaktionen auf Verschreibungen vermindern Leistungsbereitschaft und -fähigkeit. Dies gilt gleichermaßen für Elternhaus und Schule.

Kennt sich der Unterrichtende in den einzelnen Phasen und dem bei jedem Kind unterschiedlich ablaufenden Lernprozeß beim Schriftspracherwerb nicht aus, so unterlaufen ihm Fehler beim Vermitteln des Schreibens und später von Rechtschreibstrategien. Kommen dann noch im eigentlichen Rechtschreibunterricht eine undurchsichtige Lernanordnung oder ein langweiliger Lehrgang ohne Sinnzusammenhang hinzu, so türmen sich vor den Kindern Leistungshindernisse vielfältiger Art auf.

Hier ist Ihre Fachkompetenz, besonders im Anfangsunterricht, gefordert. Erst dann können auch die Eltern aufgeklärt werden, wie sie die Leistungsbereitschaft und -fähigkeit gemeinsam mit Ihnen erhalten und fördern können. Dabei ist ebenso die Lernatmosphäre zu Hause wie in der Schule bedeutungsvoll. Lärm, Unruhe, Störungen, Unfreundlichkeit und Hast lassen uns selbst auch nicht zu guten Leistungen kommen.

Besondere Beachtung sollten Sie der Prozedur bei Diktaten schenken. Hier ist eine langsame, stufenweise Hinführung nötig und ein sehr behutsamer Umgang bei der Erstbegegnung (Ruhe, Zeit, Freundlichkeit, Hilfe, keine plötzlichen Strafen für z. B. Abgucken usw.). Sogar die Art und Weise, unter welchen Bedingungen Klassenarbeitshefte ausgeteilt und zurückgegeben werden, was und in welcher Form unter den Arbeiten steht, und ob Nachbesserungen möglich sind oder nicht, können die Leistungen beeinflussen. Erfahrungen und Kenntnisse aus der Legasthenieforschung zeigen die besondere Empfindlichkeit der Kinder im Rechtschreiben bei negativen Lernbedingungen.

Hinsichtlich der Kinder mit besonderen Schwierigkeiten im Rechtschreiben ist das Diktat an sich in Frage zu stellen. Die Rechtschreibleistung kann auch ohne Diktate nach den Kriterien, ob die grundlegenden Lernziele erreicht wurden und erfolgreiches Weiterlernen vorausgesagt werden kann, bewertet werden. Dabei dürften sich einige Fehler mehr oder weniger nicht schicksalhaft auswirken!

Daher beziehen sich die Bewertungsvorschläge im folgenden auf die gängige Diktatpraxis mit Kindern ohne gravierende Schwierigkeiten beim Rechtschreiben.

5. Wie können die Leistungen beurteilt werden?

Hervorheben möchte ich, daß in der Chronologie der Schuljahre die individuelle Bewertungsnorm die Beurteilung des persönlichen Lernfortschritts vorschreibt. Allmählich und mit der Erteilung der Zensuren endgültig kommt die anforderungsbezogene Norm hinzu. Am besten kommen Sie dieser Vorschrift nach, wenn Sie differenziert vorgehen. Ich möchte dies mit meinem Eingangsbeispiel hinsichtlich der Diktatbewertung erläutern.

Sie möchten aus dem Text für das Klassentagebuch den Diktattext nehmen. Nun können Sie die Kinder mit ihrer Übungssammlung innerhalb des Wochenplans arbeiten lassen. Sie können aber auch eine speziell auf diesen Text abgestimmte Übungsanweisung anfertigen.

Übungsplan zu „ Unser Schulgarten "

1. Schreibe die neuen, unterstrichenen Wörter in Deinen GWS!

2. Trage alle einfachen und zusammengesetzten Namenwörter in eine Tabelle ein!

3. Bilde aus den einfachen Namenwörtern neue, zusammengesetzte (und damit Sätze *) !

* 4. Arbeite dazu im Sprachbuch S. 51 Nr. 3 und S. 98 Nr. 1-3 !

5. Schreibe die 4 Wörter mit Dehnungs-h heraus, und übe sie jeden Tag auswendig schreiben!

* 6. Ein Wort wird mit ai geschrieben. Mache dazu im Sprachbuch S. 103 Nr. 1 (ohne ②). Trage diese Wörter in Deinen GWS ein, und übe sie jeden Tag schreiben!

7. Schreibe die 3 v-Wörter heraus. Mache dazu im Sprachbuch S. 104 Nr. 3 (nur links)*. Trage diese v-Wörter in Deinen GWS ein, und übe sie jeden Tag!

8. Zwei Wörter werden mit doppelten Selbstlauten geschrieben. Übe sie jeden Tag!

* Finde noch andere, und trage sie in eine Tabelle ein!

9. Schreibe die 9 z-Wörter heraus, und übe sie jeden Tag! Schreibe je 3 Reihen z und x!

Die Übungen mit * sind Zusatzangebot.

Mit diesem Übungsplan haben die Kinder gut über eine Woche zu tun. Sie üben am Grundwortschatz und bearbeiten darüber hinaus einige Rechtschreibphänomene. Während dieser Zeit können Sie systematische Beobachtungen des Sozial-, Arbeits- und Lernverhaltens für Ihre spätere Bewertung anstellen, die Sie am besten in Lernbegleitbögen eintragen. Denn für die Bewertung müssen *alle* Rechtschreibleistungen herangezogen werden, nicht nur die Noten der einzelnen Diktate. Eine solche Arbeitsweise geht ja auch über die direkte Diktatvorbereitung hinaus, denn Rechtschreibarbeit darf nicht nur die Arbeit von einem zum anderen Diktat sein.

Im Diktat selbst können Sie jetzt folgende Leistungsdifferenzierung vornehmen: Als Minimalanforderung zur Absicherung der grundlegenden Lernziele genügt es, wenn Sie die Kinder in einen Lückentext nur die Grundwortschatzwörter eintragen lassen. Alle anderen Kinder schreiben den Grundtext mit Erweiterungsmöglichkeiten. Im folgenden Diktattext sind die Lückenwörter unterstrichen und die Erweiterungsmöglichkeiten gedruckt.

> **Unser Schulgarten**
>
> Wir haben <u>seit</u> vorigem Jahr einen <u>Schulgarten</u> mit einem Beet für jede Klasse. <u>Graswege</u>, auf denen im Frühjahr Gänseblümchen wachsen, <u>trennen</u> die <u>Klassenbeete</u> <u>voneinander</u>. Im <u>Herbst</u> <u>steckten</u> wir <u>Blumenzwiebeln</u> in den <u>Boden</u>: Tulpen, Narzissen und Hyazinthen. <u>Jetzt</u>, im Mai, <u>blühen</u> die <u>Frühblüher</u> in <u>verschiedenen</u> <u>Farben</u>. Neulich <u>besuchten</u> wir den <u>Zentralschulgarten</u> und <u>lernten</u> die <u>Aussaat</u>. Auf unserer <u>Fensterbank</u> steht <u>jetzt</u> eine <u>Kiste</u> mit <u>Salatsamen</u> (Eissalat und Kopfsalat), denn <u>draußen</u> ist es noch zu <u>kalt</u>. Wenn man die <u>Keimblätter</u> sehen kann, müssen wir die <u>Pflänzchen</u> pikieren und können sie bald darauf ins <u>Freiland</u> <u>setzen</u>. Ich überlege, was ich noch anpflanzen möchte. ...

Mit einer geübten Klasse kann diese Lernkontrolle zur gleichen Zeit geschrieben werden.

Wer den Lückentext vor sich hat, liest mit, wartet und schreibt dann auf ein Signal in die Lücken. Den Grundtext werden wohl die meisten schreiben. Auch sie warten, wenn einige Kinder die Erweiterungen schreiben. Zum Schluß können Kinder noch freiwillige Sätze schreiben. Wer nichts schreibt, darf ein Bild dazu malen.

Als Mindestleistung müssen die Kinder 29 Wörter schreiben. Der Grundtext umfaßt 74 Wörter. Der Erweiterungstext enthält 100 Wörter. Die freiwilligen Sätze werden nicht gezählt, auch nicht die Wörter „Zentralschulgarten" und „pikieren".

Mein Bewertungsvorschlag sieht so aus:
Um die Leistung mit mindestens „ausreichend" bewerten zu können, müssen fast alle 29 Wörter richtig geschrieben werden. Dies ist zu rechtfertigen, da es sich durchweg um schwierige Wörter handelt, die Rechtschreibfälle laut Lehrplan enthalten. Wer dabei Fehler macht, hat vorher während der Vorbereitung mangelhaft oder ungenügend gearbeitet und erhält auch die entsprechende Note mit dieser Begründung. Die „Lückentextkinder" können eine bessere Note jedoch nicht erhalten. Für alle anderen Kinder ist die Notenskala nach oben hin offen. Wer den Grundtext fehlerfrei geschrieben hat, erhält „sehr gut". Die Kinder, die den Erweiterungstext geschrieben haben, können sich darin wenige Fehler erlauben, um noch ein „sehr gut" zu bekommen.

Zensur	Grundwortschatz	Grundtext	erweiterter Text
1		0 F.	0–2 F.
2		1–2 F.	3–4 F.
3		3–4 F.	5–6 F.
4	1–2 F.	5–6 F.	7–8 F.
5	3–5 F.	7–8 F.	9–10 F.
6	ab 6 F.	ab 9 F.	ab 10 F.

Mit einem solchen Verfahren lösen Sie sich von der tradierten Diktatbewertung, die im übrigen nirgendwo für die Grundschule vorgeschrieben ist, betreiben aber auch Leistungserziehung. Diese sollte nicht mit der Diktatbewertung als Schlußpunkt aufhören. Ich biete den Kindern im 3. Schuljahr noch die Gelegenheit zur Nachbesserung und beziehe diese Anstrengungen auch mit in die abschließende Bewertung auf dem Zeugnis ein.

Eine der wichtigsten Voraussetzungen bei solchem Vorgehen ist Transparenz für Eltern und Kinder sowie Ihre Sicherheit und Überzeugungskraft.

Zweifelsohne handelt es sich bei diesem Beispiel um eine recht anspruchsvolle Differenzierungspraxis, die über einen längeren Zeitraum wachsen muß.

Wenn Sie sich diese zeitgleiche Vorgehensweise zu Beginn noch nicht zutrauen, können Sie die verschiedenen Lernkontrollen auch zu unterschiedlichen Zeiten, durchaus auch im Förderunterricht, vornehmen.

Die Staffelung sähe dann in unserem Beispiel so aus:

1. Gruppe: Sie erstellen einen Lückentext und lassen die unterstrichenen Grundwortschatzwörter einsetzen.

2. Gruppe: Sie diktieren den Grundtext (ohne die gedruckten Wörter).

3. Gruppe: Sie diktieren den erweiterten Text (mit den gedruckten Wörtern) und lassen evtl. noch etwas aus der Vorstellung hinzufügen.

Es gibt auch noch die Möglichkeit eines Kurz- und Langtextes. Dann schreiben einige Kinder den gesamten Text bis zu dem Wort . . . kalt. Das sind 74 Wörter (ohne „Zentralschulgarten"). Die anderen Kinder schreiben weiter, insgesamt 99 Wörter (ohne „pikieren"). Dadurch vermeiden Sie eine Fehleranhäufung am Schluß des Textes bei den Kindern, die größere Rechtschreibprobleme haben, denn deren Konzentration läßt aufgrund ihrer Anstrengung im Laufe des Diktats nach.

Ich empfehle Ihnen, zunächst mit einer einfacheren Variante Erfahrungen zu sammeln. Grundsätzlich muß sich Ihre Differenzierungspraxis nach dem Leistungsspektrum in Ihrer Klasse richten.

6. Wie können die Leistungen zur Zeugniszensur zusammengefaßt werden?

Die vielfältigen Leistungsanforderungen im Rechtschreiben müssen zur Aufgabe eines nur lehrgangsgeleiteten Unterrichts und der Allmachtstellung des Diktats führen. Aus diesem Grund darf auch die Leistungsbeurteilung nicht produktorientiert (abschließendes Diktat) vollzogen werden, sondern unterliegt in erster Linie den Kriterien unseres Erziehungsauftrages.

Es bedeutet, daß die Zeugniszensur nicht aus dem arithmetischen Mittel der Diktatzensuren gebildet, sondern prozeßorientiert aus allen Beobachtungen *und* den Diktatzensuren gewonnen wird.

Sie beobachten während der täglichen Schreibarbeiten, wie Kinder mit Rechtschreibfragen umgehen und notieren in Ihren Listen oder Karteikarten: „Sonja benutzt selbständig das Wörterbuch." Sie stellen fest, daß Norbert bei der Wochenplanarbeit immer wieder die leichteren Übungen macht, die aber sicher, und Sie notieren: „Norbert erfüllt ohne Probleme die Grundanforderungen." Es fällt Ihnen auf, daß Jamil ohne ständigen Anstoß den Grundwortschatz der Woche nicht angerührt hätte und halten fest: „Jamil arbeitet nicht ohne Anstoß." Nach dem letzten Diktat melden sich fünf Kinder zur Nachbesserung, was Sie in Ihren Unterlagen vermerken.

So sammeln sich im Laufe eines Halbjahres Zensuren und den Rechtschreibprozeß jedes Kindes begleitende Beobachtungen an, so daß Sie in der Lage sind, eine fundierte Aussage über den Entwicklungsstand des Kindes in Form einer Zensur vorzunehmen. Betrachten Sie dabei Zensuren nicht als Zahlen einer Skala, sondern richten Sie sich nach den Definitionen. Für ein Kind ist es verständlicher, eine zufriedenstellende oder gute Leistung dokumentiert zu sehen als die Zensur „drei" zu bekommen. Seitdem mich vor längerer Zeit ein Mädchen aus dem dritten Schuljahr gefragt hat: „Meine Mutter sagte gestern, wenn ich so weitermache, bekomme ich auf dem Zeugnis eine fünf. Was heißt eigentlich fünf?" spreche ich die Zensuren in Form von Zahlen überhaupt nicht mehr aus.

Bei manchen Kindern sagt die Zensur auf dem Zeugnis im Hinblick auf den durchlaufenen Rechtschreibprozeß zu wenig aus. Dann nutzen Sie den Raum für zusätzliche Hinweise zu den Lernbereichen. Sie sollten dort im Sinne der Leistungserziehung einen in die Zukunft gerichteten Lernhinweis geben.

Hannelore Gräser
Lesen

1. Um welche Leistungen geht es?

„Schlagt S. 123 auf!" So beginnen auch heute noch viele Lesestunden.
Und dann wird laut vorgelesen. Ein Kind nach dem anderen liest immer dieselben Sätze. Entweder bestimmt die Sitzordnung das „Dran-
kommen" oder das „Leistungsgefälle". In „fortschrittlicheren Klassen" dürfen sich die Kinder gegenseitig aufrufen. Während ein Kind
liest, müssen alle anderen im Tempo des Lesenden still mitlesen, d. h.
mit dem Finger Wort für Wort die Zeilen entlangfahren. Haben sie
einen „Fehler" entdeckt, rufen sie oder der Lehrer laut das Wort richtig in die Klasse. Dieses Verfahren wird oft genug zum „Fehlerlesen"
ausgedehnt, d. h. beim ersten Lesefehler liest das nächste Kind weiter.
So werden „Lesekönige" und „Lesebettler" ermittelt. Die Hausaufgabe am Ende der Stunde lautet dann: „Und zu Hause wird der Text
dreimal geübt!" Von der „magischen Drei" erwartet man eine Steige-
rung der Lesefähigkeit, denn wenn der Text erlesen ist, soll er
schließlich auch fließend und mit Betonung vorgelesen werden, erst
dann kann der Vortrag als eine gute Leseleistung gelten.
  Erstaunlicherweise haben viele so lesen gelernt. Die meisten davon
sind jedoch zeit ihres Lebens „Lesebettler" geblieben, d. h. nicht über
das Stadium der reinen Lesefähigkeit hinausgekommen. Allenfalls haben sie noch eine gewisse Lesefertigkeit erworben, je nachdem wie
konsequent das Lesetraining durchgeführt oder im Berufsleben erforderlich wurde. Studien über das Leseverhalten von Kindern, Jugendli-
chen und Erwachsenen geben hierüber Aufschluß und müssen sehr
nachdenklich stimmen.
  Zurück zu unserem Beispiel: Bei einem solchen Unterricht wird die
vom Kind zu erbringende Leistung lediglich unter dem Aspekt der
Lesetechnik gesehen. Das skizzierte Verfahren läßt keine Nachdenk-
pausen zu, auch nicht mit den Blicken noch einmal zurückzuschwei-
fen. Man könnte dann vielleicht nicht mitkommen oder fließend
genug lesen! Gelernt wird dabei, daß es nicht auf den Inhalt einer Geschichte ankommt. Das häufige Achselzucken auf die Frage: „Was
steht denn in der Geschichte?" hat nichts mit schlechtem Gedächtnis

zu tun, sondern mit der Art des Lesens. Gelernt wird, daß Lesen etwas mit Angst vor der Blamage zu tun hat, mit Konkurrenz, mit Schadenfreude und Langeweile.

Lesen *muß* aber mehr beinhalten als die reine Fähigkeit, Buchstaben zu Wörtern, Wörter zu Sätzen, auch Texten zusammenfassen zu können, und das bitte fließend und mit Betonung. Weshalb übt auch heute noch – im Zeitalter der audio-visuellen Medien – Lesen oft eine solche Faszination aus, daß Bücher von manchen Kindern entgegen aller Erziehungsmaßnahmen der Eltern mit der Taschenlampe unter der Bettdecke oder vom Erwachsenen in einer Nacht zu Ende gelesen werden?

„Jeder, der liest, ist ein Leser seiner selbst", sagt Marcel Proust. Lesen hat existentielle Bedeutung, es dient der Lebensbewältigung. Nach Bruno Bettelheim, der mit seinen Büchern „Kinder brauchen Märchen" (1975) und „Kinder brauchen Bücher" (1982) die Eigenwelt des Kindes und sein Recht verteidigt, die „Magie" des Lebens in eigenen Spielen und in der faszinierenden Erfahrung des Lesens selbst zu entdecken, schlägt Lesen die Brücke zur Wirklichkeit. Brücken schaffen Verbindungen. Das, was gelesen wird, muß mit der Wirklichkeit zu verbinden sein, d. h. eine für den Leser bedeutsame Aussage enthalten. Diese Überlegungen haben dazu geführt, dem Lesebuch das Monopol zu entziehen und Texte jeder Art in den Unterricht aufzunehmen, d. h. „alle Formen medial vermittelter Kommunikation" (Bartnitzky 1987, S. 50).

„In dieser Hinsicht haben Kinder zweierlei zu leisten: Sie müssen ihre Erfahrungen mit Texten des, tatsächlichen Konsums aufarbeiten, damit sie kritische Distanz gewinnen und selbstbewußt wählen und konsumieren lernen; die Kinder müssen auch mit Texten umgehen lernen, die nicht zu ihrem täglichen Konsumspektrum gehören, die aber für ihre Entwicklung wichtig sind."

Wenn wir Lesen als die Suche nach dem Bedeutsamen verstehen, muß die Suche selbst Gegenstand unserer Betrachtungen werden. Gemeint ist damit das zum erfolgreichen Lesen notwendige methodische Repertoire: die Lesefähigkeit und die Fähigkeit, mit Texten auch noch anders als rein lesetechnisch umzugehen.

Hans Brügelmann nennt in seinem Buch „Kinder auf dem Weg zur Schrift" folgende Teilleistungen, die erst in Vernetzung miteinander die *Lesefähigkeit* ausmachen: Symbol-Verständnis, Sprach-Analyse (gesprochene Sprache als Grundlage), Schrift-Verwendung, Buchstaben-Kenntnis, Baustein-Gliederung, Erlesen unbekannter Wörter, Sicht-Wortschatz (Repertoire an automatisierten Wörtern) und Text-

Verständnis als Voraussetzung, um dem Text eine bedeutsame Aussage abgewinnen zu können.

Wenn Kinder z. B. längere Sätze in kurze auflösen, um schwierige Textstellen überwinden zu können, vollbringen sie auch eine Teilleistung im *Umgang mit Texten.* Bartnitzky nennt sie in seinem Buch „Sprachunterricht heute" „Zugriffsweisen" und zählt vier verschiedene auf: 1. sich auf Texte einlassen, 2. sie untersuchen, 3. sie werten und 4. sie nutzen und produktiv verwenden (a. a. O., S. 52).

Zu jeder der genannten Zugriffsweisen ließen sich wiederum Einzelleistungen anführen. Was damit gemeint ist, kann jedoch besser den nachfolgenden Ausführungen, wie Kinder zu diesen Leistungen angeregt werden und sie zeigen können, entnommen werden. Denn die Leistungen, die von Kindern erwartet werden, muß der Unterricht vorher selbst erbringen.

Hermann Hesse hat einmal gesagt: „Die Bücher sind nicht dazu da, unselbständige Menschen noch unselbständiger zu machen, und sie sind noch weniger dazu da, lebensunfähigen Menschen ein wohlfeiles Trug- und Ersatzleben zu liefern. Im Gegenteil, Bücher haben nur einen Wert, wenn sie zum Leben führen und dem Lebenden dienen und nützen, und jede Lesestunde ist vergeudet, aus der nicht ein Funke von Kraft, eine Ahnung von Verjüngung, ein Hauch von neuer Frische sich für den Leser ergibt." (Mit Hermann Hesse durch das Jahr. Suhrkamp)

2. Wie können die Kinder zu diesen Leistungen angeregt werden?

Hätte Hermann Hesse diese Worte heute geschrieben, hätte er ein Wort sicherlich nicht benutzt, das Wort „Lesestunde". Es kann natürlich sein, daß er damit nicht die Unterrichtsstunde gemeint hat, sondern vielleicht die Zeit, die man sich zum Lesen zurückzieht.

Im heutigen Unterricht darf das Lesen nicht nur auf eine bestimmte Wochenstunde festgelegt werden. In der Realität ist das sowieso nicht möglich, bildet Lesen doch die Voraussetzung und Grundlage fast jeden Unterrichts. So darf die Frage der Lesemotivation nicht erst bei der Textauswahl für die „Lesestunde" von Bedeutung sein. Auch im Bewußtsein dessen, daß es beim „Umgang mit Zensuren" um das 3. und 4. Schuljahr geht, weiß ich, daß im Anfangsunterricht der Grundstein zur Lesemotivation gelegt wird. Vergleichen Sie einmal die

Textqualität von Fibeln, dann wissen Sie, was ich meine: Die Texte müssen von Anfang an auch lesenswert sein, einen Bezug zur Lebenssituation der Kinder haben, neugierig machen, unterhalten, zum Nachdenken oder Handeln anregen, Rätsel aufgeben, etwas in Aussicht stellen und vieles mehr.

Auch wenn eine Fibel noch so gut ist, kann sie alleine jedoch die Lesemotivation nicht ausmachen. Die Bedeutsamkeit des Lesens für die Kommunikation erfahren Kinder in der Verbindung von Schreiben und Lesen. Schreibt die Lehrerin an die Tafel:

„ *Hallo Kinder, heute kommt der Kasper!* "

möchte ich das Kind sehen, welches nicht neugierig wird, was da wohl steht, weil einige schon ‚Juchuh' rufen. Und wer noch nicht die in jeder Hinsicht positiven Erfahrungen eines persönlichen Briefwechsels mit Kindern über den Briefkasten und allem, was dazu gehört, gemacht hat, der fange damit an und erlebe, wie schnell die Empfänger die Botschaften lesen lernen.

Einer der besten Wege, Kinder zum Selberlesen anzuregen, ist der, gemeinsam Bilderbücher zu betrachten und daraus vorzulesen oder zu erzählen. Leider kommt das Erzählen oder Vorlesen von Märchen oder Geschichten vielerorts zu kurz, oder es wird auf den Anfangsunterricht begrenzt. Im 3. und 4. Schuljahr motiviert das Erzählen des Anfangs oder Höhepunktes einer Geschichte die Kinder zum Weiterlesen. Dies ist besonders bei Büchern angesagt. Wie interessant werden Bücher, wenn Kinder sie sich gegenseitig vorstellen, eine Bücherbörse veranstalten, Buchbesprechungen und Leseempfehlungen an die Pinnwand hängen, Buchprospekte auswerten, Vorlesewettbewerbe veranstalten und als Höhepunkt eine Autorenlesung in der Schule stattfindet. Natürlich gehört der Gang in eine Bibliothek und Buchhandlung dazu:

, *Wie finde ich schnell das Buch, was ich haben möchte?* " — „ *Wieviel kostet das Taschenbuch „Fliegender Stern" von Ursula Wölfel?* "

Übrigens entwickelte sich aus diesem Buch an unserer Schule ein Indianerprojekt. Innerhalb dieses Projekts kamen verschiedene Aspekte des Umgangs mit Texten zum Tragen. Die Kinder suchten verschiedene Texte über Indianer. Die Texte unterschieden sich in der Länge (vom Kurztext zum Buch), Textart (poetisch oder pragmatisch), Textsorte (Sachtext, Lexikontext, Gedicht) und Textschwierigkeit. Nun setzen sich die Kinder selbständig mit dieser Textsammlung auseinander und erwarben oder übten dabei verschiedene Lesestrategien (orientierend, selektierend lesen, überfliegen, vergleichen, gliedern usw.). Die Texte wurden für die Ausstellung teilweise verändert, umgeschrieben, zerschnitten, als Ausschnitte zu einem Gegenstand gegeben. Die Ausstellung bestand aus einem Indianerdorf mit allem, was dazu gehörte, auch Werkzeugen und Musikinstrumenten, die im Kunst- und Musikunterricht entstanden waren. Die Kinder gingen begeistert in diesem Projekt auf; sie gaben sich sogar während dieser Zeit Indianernamen – so hieß eine Kollegin „Rote Locke" –, und schrieben zauberhafte kleine Gedichte und Geschichten, die sie vortrugen.

Zum Vortragen eigener Texte spornt die entsprechende Anerkennung durch die Zuhörer an. Wie eine solche Anerkennung aussehen kann, beschreibt Heide Bambach in dem Buch „Welten der Schrift in der Erfahrung der Kinder" von Heiko Balhorn und Hans Brügelmann auf den Seiten 11 bis 24. Dort schildert sie in faszinierender Weise ihre Erfahrungen aus der Laborschule Bielefeld, wie in täglichen „Lese-Versammlungen" Texte Kinder bewegen können. Damit ist die tägliche Vorlesezeit an einem gemütlichen Versammlungsort gemeint, in der die Kinder ihre eigens hierfür geschriebenen Geschichten und die Lehrer aus einem Buch vorlesen. Zu den Geschichten gibt es Fragen und „Sagen", die Anteilnahme und Anerkennung bekunden. Durch diese Fragen und „Sagen" wachsen die Kinder allmählich in die Bewertung eigener und fremder Texte und ihres Vortrags hinein. Sie lernen konstruktiv Kritik zu üben, solche auch anzunehmen und in der eigenen Arbeit am Text (beim Verfassen oder Vortragen) Verbesserungen vorzunehmen. Dieser Umgang mit dem eigenen oder fremden Textvortrag motiviert Kinder sehr zum „Üben" und ist auch ein Teil meines Bewertungsvorschlages. Wie Kinder üben, den Übungsprozeß selbst und die Ergebnisse zeigen können, stelle ich Ihnen jetzt vor.

3. Wie können Kinder ihre Leistungen zeigen?

Erinnern Sie sich nochmal an die eingangs skizzierte Lesestunde. Da mag jemand sagen, wenn nur ein paar Kinder lesen, können nicht alle ihre Leistungen zeigen. Also läßt er im Chor lesen. Aber wo wird im täglichen Leben im Chor gelesen? Na ja, eben in der Schule! Und was erreichen wir damit? Es wird immer Kinder geben, die unter solchen Bedingungen ihre wahren Leistungen nicht zeigen können oder wollen. Es geht darum, daß Leistungen nicht nur in Prüfsituationen gezeigt werden sollen; außerhalb derer fallen sie sowieso meistens besser aus. Es geht auch nicht nur darum, Lernergebnisse zu zeigen, d. h. den abschließenden Lesevortrag, sondern auch um den Lernprozeß.

Die Leistungen der Kinder werden bereits auf dem Weg zu den Ergebnissen sichtbar. Wie gehen sie denn mit Anforderungen um? Durch welche Handlungsweisen zeigen sie, daß sie lesen wollen, sich darauf einlassen und verstanden haben?

Sie *wollen* lesen und gehen in freien Zeiten in die Leseecke und greifen zur Klassenbücherei. Sie warten ungeduldig auf die nächste Ausgabe der Kinderzeitschrift. Sie besitzen einen Ausweis für die Leihbücherei, bringen ein Buch mit und fragen, ob sie etwas daraus vorlesen dürfen. Sie hören aufmerksam zu und können es kaum abwarten, selbst weiterzulesen. Sie äußern sich spontan zu Geschichten und schauen nochmal nach, wenn etwas unklar ist. Sie geben nicht auf, wenn der Text schwierig ist, wie z. B. ein Lexikontext, Zeitungsartikel oder eine Bastelanleitung. Sie *lassen sich* darauf *ein* und überwinden schwierige Textstellen, wenn sie vorher gelernt haben, in Sinnabschnitte einzuteilen, anzustreichen, Unwichtiges wegzulassen, nachzuschlagen. Sie freuen sich darauf, ihren zu zweit oder alleine gut vorbereiteten Text der Gruppe oder in einer anderen Vorlesesituation vortragen zu können, und scheuen sich nicht, ihre eigene Leistung unter die Lupe zu nehmen: „Diesmal ist es mir aber wirklich gelungen, die Punkte zu beachten." Sie *haben verstanden*, wenn sie ihr eigenes Gedicht nach dem Textaufbau und den Darstellungsmitteln gelesener Gedichte verfassen. Oder sie setzen eine Klassenzeitung so zusammen, wie sie es bei einer gelesenen als auf sie selbst gut wirkend erlebt haben. Und sie fertigen nach einer Bauanleitung tatsächlich eine Überwinterungsmöglichkeit für Igeljunge an, nachdem sie sich im Lexikon und Sachbuch über Igel informiert haben. Nun werden Sie einwenden, wer aber nicht so lesen kann, daß er lesen will, wird sich auch nicht gerne auf Lesen einlassen und Verstehensprobleme haben. Der wird nicht so aktiv seine Leistungsfähigkeit zeigen, denn sie liegt ja deutlich hinter der oben geschilderten zurück. Dem und allen Zuhörern werden nur immer wieder seine unvollkommenen Lesefähigkeiten beim lauten Vorlesen des Hausaufgabentextes vor Augen geführt. Hier berühren wir wieder die Frage der Motivation. Wie kann ich ein solches Kind anregen, laut vorzulesen und doch nicht laut vor allen anderen? Lassen Sie es doch einmal einen kurzen, leichten und gut zum Zuhören geeigneten Text (vielleicht ein Rätsel) zu Hause vorbereiten und auf Cassette sprechen. Anderntags wird der Text für die Klasse abgespielt. Sie können sich sicher vorstellen, wie dieses Kind, zu Hause ohne Druck, an diesem Vortrag arbeitet, damit es anderntags gut verstanden wird. Sie können aber auch zwei Kinder zusammen arbeiten lassen, eines, welches liest, das andere spielt den Tonmeister (Kassette einlegen, aufnehmen, spulen) und umgekehrt. Jedes Kind sollte eine eigene Kassette haben, auf der allmählich eine Sammlung von gelesenen Texten entsteht, so daß die Lesefortschritte für das Kind dokumentiert sind. Ich weiß, daß man es mit dieser Methode schaffen kann, auch den schwächsten Leser zum Üben anzuspornen und zu einer besseren Leseleistung zu bringen. Diese Idee stammt übrigens nicht von mir, sondern von Marion Bergk. Sie schildert sie in ihrem Beitrag „Freies Vorlesen und Eigenkassette" in: Brügelmann, ABC und Schriftsprache, S. 237–243. Sie wurde schon von etlichen Kollegen mit Erfolg in die Tat umgesetzt.

An diesem Beispiel wird wieder deutlich, wie eng Leistungsbereitschaft und Leistungsfähigkeit mit der Frage der Motivation und Hilfestellung durch gute Unterrichtsleistungen verbunden sind, d. h. bestimmte Bedingungen beeinflussen die Leistungen der Kinder.

4. Welche Bedingungen können die Leistungen der Kinder beeinflussen?

Ich beschränke mich in meinen Überlegungen auf die Bedingungen, die sich besonders auf die Leseleistungen auswirken können, im negativen wie im positiven Sinne. Neben all den uns bekannten Bedingungen aus dem Lebensumfeld der Kinder ist an erster Stelle eine anregungsarme oder -reiche Umgebung für Lesen ausschlaggebend, daher die Wichtigkeit unseres Auftrages zur Leseerziehung gerade bei den Kindern, die außerhalb der Schule keine oder kaum Anregungen erfahren.

Sprachfehler und Artikulationsschwierigkeiten kommen besonders dann zum Tragen, wenn Kinder ihre Leistungen lediglich beim lauten Vorlesen zeigen dürfen, sollen oder müssen. Ich denke an die Kinder, die bereits eine Sprachheilbehandlung hatten, die jedoch nicht voll zum Erfolg führte. Hier bedarf es eines besonders feinfühligen Vorgehens durch den Lehrer, das er auch seinen Schülern vermitteln muß.

Eine unzureichende Lesefertigkeit gepaart mit unangebrachten Lesestrategien beeinflußt die Lesefähigkeit, -bereitschaft und -leistung ganz beträchtlich. Hier gilt es, sich besonders mit der Diagnose von „Verlesungen" (statt Lesefehler) und deren Einschätzung zu befassen. Fehler sagen nicht nur etwas aus über die Schwächen des Lesers, sondern geben vielmehr Hinweise über die Leseaufgabe und die Qualität der Problemlösung durch den Leser. Die Lesestrategien erfährt man am besten durch Befragen der Kinder:

„ Wie hast Du das denn rausgekriegt?"

Ich möchte auf die Fehlerdiagnose hier nicht weiter eingehen, aber noch ein Wort über den Umgang mit Fehlern verlieren. Das Wort Fehler ist für viele Schüler sehr negativ besetzt und mit unguten Selbstwerterfahrungen verknüpft. Ich sage nur noch: „Da hast Du Dich verlesen, verschrieben oder verrechnet" und nehme dem Fehler die Schärfe seiner gewordenen Bedeutung. Er wird nicht vertuscht oder verharmlost, er wird jedoch sachlicher und nebensächlicher im positiven Sinn. Über das in vielen Klassen übliche Fehlerlesen möchte ich mich nun nicht mehr äußern. Und wenn sich ein Kind verlesen hat, darf es der Lehrer nicht zulassen, daß die ganze Meute das Wort mit einem lästigen Unterton korrigiert. Es gibt feinere Methoden, auf ein Verlesen aufmerksam zu machen.

Einige der Möglichkeiten, die der Unterricht bietet, Leistungen der Kinder positiv zu beeinflussen, habe ich schon in den vorausgegangenen Ausführungen aufgezeigt. Langweiliger Unterricht mit rigiden Methoden führte immer schon bestenfalls dazu, daß heimlich unter der Bank gelesen wurde.

Zwei Aspekte in bezug auf die Leistungsbedingungen scheinen mir jedoch noch erwähnenswert, die der Kontrolle und der Bewertung. Wenn ich selbst einen Mangel entdecke, bin ich eher bereit, an seine Aufbesserung heranzugehen, als wenn mir ständige Fremdkontrolle, und dann auch noch öffentlich, Magendruck bereitet. Am besten ist eine sinnorientierte Kontrolle, wenn es um sinnverstehendes und -gestaltendes Lesen geht, wie z. B. die tatsächliche Ausführung eines Kochrezeptes oder Dialoges. Wenn dies nicht machbar ist, sollten die Möglichkeiten der Eigenkontrolle (Beispiel: Eigenkassette) oder die der konstruktiven Kritik durch die Mitschüler immer vor der Fremdkontrolle durch den Lehrer stehen. Ähnlich verhält es sich meines Erachtens mit der Leistungsbeurteilung.

5. Wie können die Leistungen beurteilt werden?

Die Frage lautet nicht: „Wie kann der Lehrer die Leistungen beurteilen?" Natürlich können wir die Beurteilung nicht den Kindern überlassen. Aber wir können sie mit ihnen gemeinsam vornehmen, so daß sie in die Lage versetzt werden, ihre eigene Leseleistung und die anderer richtig einzuschätzen in bezug auf die eigene Befindlichkeit und die Erfordernisse einer bestimmten Leseleistung in einer bestimmten Situation. Brügelmann nennt zwei Gesichtspunkte, unter denen Leseleistungen beurteilt werden sollen:
1. „Stellt sie für den Betreffenden eine subjektiv befriedigende Lösung einer konkreten Aufgabe dar?"
2. „Verspricht die Strategie des Lesers objektiv zureichenden Erfolg unter verschiedenen Lesebedingungen, z. B. bei unterschiedlichen Textarten, Leseabsichten, Situationsbedingungen (Zeitdruck o. ä.) usw.?" (Brügelmann 1983, S. 212).
Ersteren Aspekt versuche ich zu berücksichtigen, indem nach jedem Lesevortrag der Leser selbst eine Einschätzung seiner Leseleistung vornimmt. Wie das gemacht wird, muß man mit Kindern einüben, bis hin zu vorgegebenen Formulierungen, die die Kinder bei entsprechender Übung sowieso wieder verlassen.

> „Ich finde, ich habe heute gut / nicht so gut gelesen." „Heute ist es mir gelungen / nicht so gut gelungen, auf die Punkte, Ausrufezeichen, Fragezeichen und Kommas zu achten." „Ich bin mit meiner Leistung zufrieden / nicht zufrieden" „Was sagt ihr dazu?"

So oder ähnlich beginnt in meiner Klasse ein Gespräch zur Beurteilung von Leseleistungen. Den weiteren Verlauf des Gesprächs leitet das betreffende Kind, indem es andere zum Sprechen aufruft, deren Bemerkungen anhört und auch dazu Stellung nimmt. Zum Schluß wendet sich das Kind an den bis dahin völlig im Hintergrund stehenden Lehrer und meint:

„Die anderen und ich meinen, daß ich heute sehr gut / gut / befriedigend / ausreichend / nicht ausreichend gelesen habe. Finden sie das auch, dann tragen Sie bitte die Note in Ihre Liste ein!"

Ich gebe dann mein Schlußvotum, welches sich nach einer entsprechenden Einübungsphase nahezu immer mit der Beurteilung der Schüler deckt. Am Anfang dauern solche Gespräche länger, da Sie bei der Einschätzung der Leistung durch die Kinder helfend und sachlich eingreifen müssen. Wer hat schon gelernt, sich selbst zu loben? Demnach fällt die Selbsteinschätzung anfangs oft schlechter aus als die Leseleistung tatsächlich war. Die Mitschüler dagegen beurteilen auch andere Aspekte als das, was verlangt wurde. So erfahren sie im eigenen Tun und durch die vom Lehrer geschaffene Transparenz die Schwierigkeiten einer Beurteilung. Gerade hierbei ist das ständige Üben wichtig und wiederum auch zunächst mit eingeübten Formulierungen:

„Ich finde, daß Du im Vergleich zum letzten Mal / früher schon viel besser gelesen hast. Du hast sicherer gelesen und nicht mehr so stockend."

Hier wird die individualbezogene Norm der Beurteilung eingehalten, die den Lernfortschritt des einzelnen Kindes sieht, und es zum intensiven Üben ermutigen soll.

„Aber Du mußt noch lernen, nicht einfach so über die Punkte hinwegzulesen. Das macht den Text eintönig."

Damit kommt die anforderungsbezogene Norm zum Tragen, die deutlich macht, woran noch gearbeitet werden muß, um den Anforderungen gerecht zu werden. Die Anforderungen werden den Kindern so transparenter gemacht. Der Lehrer unterstützt dabei, indem er sie mit den Kindern je nach Textart, Leseabsicht, Lesesituation usw. erarbeitet. Diese Arbeit meint Brügelmann mit dem zweitgenannten Beurteilungsgesichtspunkt.

Ein solches Verfahren schließt aus, daß Zensuren wie unabdingbare Schicksalsschläge über die Schüler hereinfallen. Es sollte in gemäßigter Form auch schon in den zensurenfreien Schuljahren durchgeführt werden. Lesefreude und Motivation dürfen nicht zu früh nur unter Leistungsaspekten gesehen werden, schon gar nicht so, daß für eine bestimmte Zensur eine bestimmte Leistung beim Lehrer abzuliefern ist. Leistungsbeurteilung hat für die Schüler im Sinne der Leistungserziehung nur dann die von uns gewünschte Bedeutung, wenn Schüler an der Beurteilung selbst mitwirken, d. h. selbst mit Zensuren umgehen lernen. Das Argument, Grundschulkinder sind hierzu zu klein, habe ich durch meine eben geschilderte Praxis widerlegt gefunden, denn Kinder haben ein ausgeprägtes Gerechtigkeitsempfinden und üben auch Gerechtigkeit aus, wenn man sie läßt und ihnen das geeignete Instrumentarium an die Hand gibt. Das bedeutet auch, daß die Einführung der Zensuren im 3. Schuljahr nicht nur Thema der Lehrerschaft bleiben darf, sondern mit den Schülern im Unterricht exemplarisch durch alle Fächer thematisiert werden muß. Wenn Kinder so lernen, mit Zensuren umzugehen, dann haben Sie auch keine Probleme damit, auch nicht mit den Zensuren mangelhaft und ungenügend. Ich plädiere allerdings schon lange dafür, diese Zensuren zugunsten der Formulierung „nicht ausreichend" aufzugeben.

6. Wie können die Leistungen zur Zeugniszensur zusammengefaßt werden?

Ich kann nur dann etwas zusammenfassen, wenn ich über einen bestimmten Zeitraum etwas zusammengetragen habe. Ich halte es, bei der Bedeutung, die Zensuren in der heutigen Zeit für den Lebensweg eines Kindes haben, für unverantwortlich, die Zensur auf dem Zeugnis aus dem Gedächtnis über den Daumen zu peilen. Alleine aus einigen Zensuren über Lesevorträge das arithmetische Mittel zu berechnen, ist nach all den Vorüberlegungen auch nicht zu befürworten. Einige Kollegen wenden kurz vor den Zeugnissen standardisierte Meßverfahren in Form von Lesetests an und meinen dann, eine objektive Leistungsmessung vorgenommen zu haben, die sie sicherer die entsprechende Zensur für das Zeugnis bestimmen lasse. Tests sind vergleichsorientierte Meßverfahren. Als Grundlage der Leistungsbeurteilung, die der individualbezogenen und anforderungsbezogenen Norm folgen muß, verbieten sie sich von selbst. (Sie können als Orientierung in bezug auf Leseschwierigkeiten herangezogen werden.)

Dagegen ist es ratsam, mit Hilfe eines Ordnungssystems in regelmäßigen Abständen einerseits Notizen über persönliche Lernfortschritte und Anstrengungen vorzunehmen und andererseits die Leistungen in bezug auf die jeweiligen Anforderungen festzuhalten.

Ich empfehle dieses System nach fünf Leitkriterien anzulegen (s. S. 64):

1. Lesesicherheit, 2. Lesetempo, 3. klanggestaltendes Lesen, 4. Leseverständnis und 5. Motivation (nach: A. von Wedel-Wolff)

In der oberen Spalte ist Platz für Wortnotizen, in der unteren werden Zensuren festgehalten. Ein solches und natürlich jedes auch formal andere Lerntagebuch bietet bei allem Arbeitsaufwand mehrere Vorteile.

Sie wissen zu jedem Zeitpunkt genau Bescheid über den Lernstand jedes einzelnen Schülers. Sie können den Lernfahrplan jedes einzelnen Kindes schnell bestimmen. Sie wissen je nach Lernstand nach Anforderungen zu differenzieren. Sie können jederzeit detailliert Eltern Auskunft und Hinweise geben, und Sie haben einen großen Fundus bei der Zensurenfindung für das Zeugnis. Jetzt brauchen Sie nur noch zu bedenken, welche Funktion außer der abschließenden Leistungsbeurteilung die Zeugniszensur noch hat. Sie soll auch einen Beitrag zur Leistungserziehung leisten, d. h. zum Weiterlernen ermutigen, ohne dabei im Sonderangebot verschleudert zu werden. Und wenn Ihnen hierbei die Zensur alleine nicht aussagekräftig genug erscheint, können Sie auf dem Zeugnisformular in den dafür vorgesehenen Spalten eine ergänzende Anmerkung vornehmen.

Aus meiner eigenen Erfahrung kann ich behaupten, daß es die größten Probleme bei der Erteilung der Zensuren mangelhaft und ungenügend gibt. Auch im Bewußtsein dessen, daß wir im Einzelfall dazu genötigt sind, meine ich, daß in einem qualifizierten Unterricht dieser Fall selten sein wird. Falls es doch vorkommen sollte, hat der Lehrer die Pflicht, eine außerschulische Beratung hinzuzuziehen, weil sehr wahrscheinlich aus nicht in der Macht der Schule stehenden Gründen das Kind nicht lesefähig ist. Von diesem Sonderfall abgesehen, müßte jedes Grundschulkind mindestens zu zufriedenstellenden Leseleistungen gelangen.

Lesen	Sicherheit	Tempo	Klanggestaltung	Verständnis	Motivation
Thorsten	in Ordnung, Hilfe bei Fremdwörtern	manchmal zu schnell, verschluckt Endungen	manchmal mitreißend (bei Gedichten), sonst toll, verändert Stimme	keine Probleme, auch bei komplizierten Texten, fragt von alleine nach	regelmäßig Bücherei, liest viel, dulldig auf "Glücke" fragt nach gutem Buch
	2	3	1-2	1	1
Jasmin	Probleme: eu, qu, Konsonantenhäufung, großer Wortumfang	stockend (Murfüllerliter), liest etwas schneller, verliest sich da, bei aber oft	liest über Satzzeichen hinweg, findet keine Einschnitte, bemüht sich aber dadurch oft überbetonung	Unsinnigkeiten fallen nur bei Nachfrage auf (so mit Technik beschäftigt) res. gibt es am Anfang	gibt nicht auf, blättert gern in "Glücke", übrigens bei macht gerne Leseunsicherheit
	4	4	4-5	5	1-2

Literatur

Balhorn/Brügelmann: Welten der Schrift in der Erfahrung der Kinder. Faude (Konstanz) 1987

H. Bartnitzky: Sprachunterricht heute. Scriptor (Frankfurt) 1987

Bartnitzky/Christiani: Zeugnisschreiben in der Schule. Agentur Dieck (Heinsberg) 1987

Mündlicher Sprachgebrauch:

J. Baurmann: Mündlicher Sprachgebrauch. In: Baurmann/Hoppe (Hg.): Handbuch für Deutschlehrer. Kohlhammer (Stuttgart) 1984, S. 258 ff.

G. Ritz-Fröhlich: Das Gespräch im Unterricht. Klinkhardt (Bad Heilbrunn) 1982)

Schriftlicher Sprachgebrauch:

J. Baurmann: Schreiben – Aufsätze beurteilen. In: Praxis Deutsch Juli 1987

Meis/Sennlaub (Hg.): Copyright bei Klasse. Es steht sogar im Lehrplan. Beide Bände: Agentur Dieck (Heinsberg) 1986

Valtin/Naegele: Schreiben ist wichtig. Arbeitskreis Grundschule (Frankfurt) 1986

Rechtschreiben:

Bartnitzky/Fluck/Gräser/Kretschmer: Differenzierte Diktate. Scriptor (Frankfurt) 1987

Naegele/Valtin: Rechtschreibunterricht in den Klassen 1–6. Arbeitskreis Grundschule (Frankfurt) 1984

Triebel/Maclay: Handbuch der Rechtschreibübungen. Beltz (Weinheim) 1982

Lesen:

H. Brügelmann: Kinder auf dem Weg zur Schrift. Faude (Konstanz) 1983

A. von Wedel-Wolff: Weiterführender Leseunterricht. Westermann (Braunschweig) 1978

Eva-Maria Wuschansky
Mathematik

1. Um welche Leistungen geht es?

In einer Klasse erhalten die Kinder den Auftrag, in Partnerarbeit für folgende Aufgabe einen Rechenweg zu finden:

$$3 \cdot 19 = \square$$

Folgende Lösungswege werden gefunden (einige Kinder mit Hilfe von konkretem Material):

$$3 \cdot 19 = 3 \cdot (10 + 9) = 30 + 27 = 57$$

aber auch: $\qquad 3 \cdot 19 = 3 \cdot (20 - 1) = 60 - 3 = 57$

Auf den ersten Blick mag es erscheinen, daß die Kinder „nur" eine Rechenaufgabe ausgerechnet haben. Analysieren wir, erhalten wir jedoch ein sehr breites Leistungsbild:
- die Kinder haben Sätze des kleinen 1 × 1 gedächtnismäßig abgerufen (Kenntnisse)
- die Kinder haben erkannt, daß ein Rechengesetz (Distributivgesetz) angewendet werden kann (geistige Vorgehensweise: konkretisieren)
- die Kinder wandeln die Aufgabe um und wenden das Distributivgesetz an (Rechenfertigkeit)
- die Kinder setzen Kenntnisse und Fertigkeiten ein, um ein mathematisches Problem zu lösen (Fähigkeit)
- die Kinder stellen sich einem mathematischen Problem (positive Einstellung zur Mathematik)
- die Kinder arbeiten erfolgreich in Partnerarbeit (Kommunikationsfähigkeit, Kooperationsfähigkeit, Sprachförderung, Kritikfähigkeit)
- die Kinder arbeiten selbständig und selbsttätig (selbsttätiges Lernen in allen Phasen eines Lernprozesses).

Mathematik lernen soll und darf – wenn Richtlinien und Lehrpläne ernst genommen werden – nicht nur die Reproduktion abfragbaren

Wissens bedeuten. Mathematik lernen in der Grundschule bedeutet weder nur die Auseinandersetzung mit fachspezifischen Zielen, noch ist Rechnen Selbstzweck. Auch der Mathematikunterricht hat sich in die allgemeinen Ziele der Schule einzuordnen. Er kann und muß einen Beitrag zur allgemeinen Denkerziehung leisten, indem er grundlegende Fähigkeiten wie Kreativität, logisches Denken und geistige Vorgehensweisen wie klassifizieren, abstrahieren usw. entwickelt. Er kann soziales Verhalten fördern und eine positive Einstellung zum Mathematiklernen und damit zum Lernen überhaupt aufbauen.

Erschöpfend Auskunft darüber, welche Leistungen Kinder nun speziell bei der Behandlung einzelner Themenbereiche über die fachspezifischen Ziele hinaus erbringen sollen, erhält der Lehrer jedoch weder im Schulbuch, das vorrangig nur die Grobaufteilung und die Reihenfolge des Unterrichtsstoffes festlegt, noch durch Lehrpläne.

Erst durch eine passende Verknüpfung von Elementen aus Lehrplan und Richtlinien, die in Eigenverantwortung des Lehrers vorgenommen werden muß, ergeben sich konkrete Ziele – und zwar muß sich der einzelne Lehrer fragen, welche allgemeinen und fachübergreifenden und welche innerfachlichen Ziele zu einem *konkreten* Zeitpunkt mit seiner *konkreten* Lerngruppe mit dem mathematischen Unterrichtsinhalt verwirklicht werden können.

Das heißt: Weder durch ein noch so gutes Schulbuch noch durch detailliertere Lehrpläne wird der Lehrer von dieser Aufgabe entbunden. Um so mehr ist es die in *seine* Verantwortung gelegte Methode, die solche Leistungen ermöglicht, erfordert und fördert.

2. Wie können Kinder zu diesen Leistungen angeregt werden?

In der Schule, in der Klasse, im Mathematikunterricht sitzen in unterschiedlicher Weise denkende und den Mathematikunterricht bewertende Kinder. Aus der Motivationsforschung wissen wir, daß je nach individueller Erfahrung jeder Mensch ein für ihn charakteristisches Motivationsgefüge entwickelt hat. Um nun die Kinder zu Leistungen im Mathematikunterricht anzuregen, insbesondere um die Leistungsbereitschaft zu steigern, sollte der Lehrer deshalb die verschiedenen Motivationsmöglichkeiten berücksichtigen, um allen gerecht zu werden.

a) *Die Leistungsbereitschaft im Mathematikunterricht kann durch eine bestimmte Auswahl von Inhalten gesteigert werden:*

– Inhalte aus der Lebenswirklichkeit der Kinder

Neben einer innermathematischen Zweckmäßigkeit sollten die Schüler auch eine außermathematische Zweckmäßigkeit kennenlernen. So erfahren sie nun eine Sinnhaftigkeit der Mathematik in der Lebenswirklichkeit, Mathematik bleibt nicht beziehungslos und nicht im abstrakten Raum.

Diese Forderung ist jedoch nicht so leicht zu erfüllen, auch wenn die neueren Schulbücher wieder mehr Situationen anbieten, die scheinbar aus der Umwelt der Kinder kommen, in Wirklichkeit aber oft wenig mit ihr zu tun haben.

Viel effektiver und sinnvoller in diesem Bereich wäre es, ähnlich wie im Sachunterricht von Zeit zu Zeit projektartig zu arbeiten. Hier bietet H. Winter in seinem Buch „Sachrechnen in der Grundschule" eine Fülle von Anregungen. Darüber hinaus sollte sich kein Lehrer scheuen, sich in der Schule ergebende Situationen spontan mathematisch zu nutzen und auszuschöpfen. So wurde z. B. der Ausruf eines Schülers (3. Klasse) am Schuljahresanfang „Auf dem Schulhof warten ja schon mindestens 1 000 Schulneulinge!" aufgenommen, folgende Fragen gestellt und mathematisch gelöst: Wie viele Kinder sind in unserer Klasse? Müssen wir zählen oder können wir rechnen (2 Tische à 6 Schüler und 2 à 4 . . .)? Wie viele Kinder sind in der Parallelklasse? Wie viele Kinder sind in unserer Schule? Wie können wir das ausrechnen? Wie können wir vorgehen, wenn wir nur die ungefähre Schülerzahl der Schule wissen wollen? Ist es nun wahrscheinlich, daß 1 000 Schulneulinge auf unserem Schulhof stehen? Haben andere (alle) Schulen ungefähr gleich viele Kinder? Wie groß wäre eine Schule ungefähr, die wirklich 1 000 Schulneulinge hätte? Wie viele 1. Klassen wären das, wenn in jeder Klasse 30 Kinder säßen? . . .

– Inhalte, die für die Kinder einen mittleren Schwierigkeitsgrad besitzen, denn leichte Aufgaben werden bald langweilig, zu schwere frustrierend.

Dies bedeutet, daß im Unterricht differenziert werden muß, eine Aufgabe, die gerade im Mathematikunterricht relativ leichtfällt. Hier bieten sich besonders folgende drei Möglichkeiten an:
1. Differenzierung über *Darstellungsformen:*
Mathematik kann in Handlung, in Bildern und in Sprache/Symbolen ausgedrückt werden. Für ein Grundschulkind bedeutet sinnvolles ma-

thematisches Lernen erst einmal immer, sich Sachverhalte im Handeln zu erobern (mit variablen strukturierten und unstrukturierten Materialien), um dann, eventuell noch unterstützt durch das Bild, auf die symbolische Ebene vorzustoßen. Im Idealfall findet das Kind sich nun auf der symbolischen Ebene, nämlich im mathematischen Zeichen- und Ziffernsystem, allein zurecht. Hat es jedoch plötzlich Schwierigkeiten, so greift das Kind wieder auf eine niedrigere Ebene zurück. Kinder lernen nicht im Gleichtakt. Der Lehrer muß ihnen ganz individuell die ihnen gemäße Zeit zugestehen, die sie für den Lernprozeß auf den verschiedenen Ebenen brauchen.

2. Differenzierung im *inhaltlichen Bereich:*
In der sachbezogenen Auseinandersetzung mit der jeweiligen Lerneinheit legt der Lehrer gemäß den Leistungsmöglichkeiten seiner Schüler einen unverzichtbaren Grundbestand (grundlegende Anforderungen) fest. Der unverzichtbare Grundbestand muß wenigstens so viele Elemente enthalten, daß ein erfolgreiches Weiterlernen im Lehrgang Mathematik ermöglicht wird. Und die weiterreichenden Angebote dürfen keine Lerninhalte vorwegnehmen.

Beispiel: Strukturierung der Zahl 5 (1. Klasse)
Eingehende inhaltliche Analyse als Voraussetzung:
Bei der Zerlegung der Zahl 5 in zwei oder mehr Summanden (ohne Berücksichtigung der Null) ergeben sich folgende Terme:

4+1	3+2	2+3	1+4
	3+1+1	2+2+1	1+3+1
		2+1+2	1+1+3
		2+1+1+1	1+2+2
			1+2+1+1
			1+1+2+1
			1+1+1+2
			1+1+1+1+1

Grundbestand:
– alle Zerlegungen der 5 in zwei Summanden
– Zerlegungen in drei oder mehr Summanden
Zusätzliches Angebot:
– Entwickeln von Strategien beim systematischen Erarbeiten der Zerlegungen (vgl. Bobrowski/Wuschansky 1983).

3. Differenzierung im *Komplexitätsgrad:*
Es gibt leichte und es gibt schwierige Mathematikaufgaben. Die Schwierigkeit liegt darin, welche Qualitätsstufe gedanklicher Leistung verlangt wird:

– etwas Auswendiggelerntes kann abgefragt werden („Wissen") –
eine Aufgabe mit niedrigem Komplexitätsgrad

$$3 \cdot 4 = \square$$

– ein Verfahren, das gelernt worden ist, kann angewendet werden
(„Anwendung") – mittlerer Komplexitätsgrad

$$3 \cdot 16 = 3 \cdot 10 + 3 \cdot 6 = 30 + 18 = 48$$

– ein Problem soll gelöst werden – hoher Komplexitätsgrad („Pro-
blemlösen")

$$3 \cdot 19 = \square \text{ Finde einen Lösungsweg!}$$

b) *Die Leistungsbereitschaft im Mathematikunterricht kann durch
Aufdecken von Strukturen gesteigert werden:*

Menschen ist eine ursprüngliche Neugier, Phantasie und ein Interesse
an Ordnung eigen, und das Lernen von Mathematik im weitesten Sinne kann auch als Aufdecken und Beschreiben solcher Strukturen
gesehen werden.
Beispiel (nach einem Vortrag von H. Winter am 3. 12. 85 in Düsseldorf):

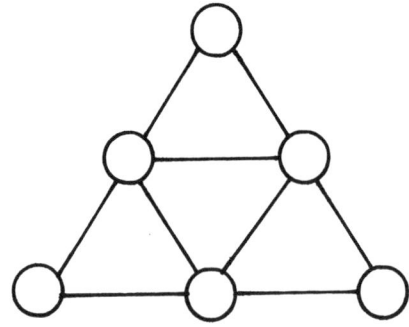

– regelmäßige geometrische Anordnung: gleichseitiges Drei-
eck aus 4 ebensolchen kleine-
ren
– Wie kann man dieses Muster
fortsetzen (in welche Richtung)?
– Was geschieht dann mit der
Anzahl der Punkte (und der
Dreiecke)?
– die Zahl 6: sie ist die erste so-
genannte „vollkommene
Zahl" (die Summe ihrer ech-
ten Teiler ergibt wieder die
Zahl selbst)
– ...

c) *Die Leistungsbereitschaft im Mathematikunterricht kann durch ein bestimmtes Lehrerverhalten gesteigert werden:*

Dieses sollte geprägt sein durch eine hohe Akzeptanz dem Lernenden und eine hohe Wertschätzung dem Fach gegenüber. Gerade in der Grundschule geschieht es oft, daß Lehrer ein „ungeliebtes" Fach unterrichten müssen, und dies trifft besonders häufig auf Mathematik zu – aus bekannten Gründen, man denke nur an den Problemkreis „Frauenrolle und Mathematik". Da Kinder sich jedoch an Vorbildern orientieren – und Lehrer können Vorbilder sein –, übernehmen sie unbewußt Abneigungen. Ein Lehrer kann besonders dann eine hohe Leistungsbereitschaft wecken, wenn er für das Fach Begeisterung empfindet und diese auch transparent macht. Sicher kann ein Lehrer seine Neigungen nicht plötzlich ändern, er muß aber um dieses Wechselspiel wissen und verantwortungsvoll damit umgehen.

d) *Die Leistungsbereitschaft kann durch eine bestimmte Unterrichtsgestaltung gesteigert werden:*

eine Unterrichtsgestaltung, die die Neugier der Lernenden zu wecken vermag, dem Lernenden einen größtmöglichen Freiraum zugesteht, ohne ihn aber dabei auf seinem Weg allein zu lassen.

Kinder haben Freude am eigenen Können, wenn für sie die Ziele nur erreichbar sind. Gerade im Mathematikunterricht ist es nicht schwierig, Informationen über das zu Leistende, eine Zielorientierung, zu geben. Diese Zielorientierung, die das Kind neugierig machen soll auf das „zu Lernende" und die, wann immer möglich, in Form eines Problems gegeben werden sollte, ist Grundlage selbständigen Lernens, das der Lehrer nach dem Prinzip der minimalen Hilfe begleitend unterstützen kann.

Ein Unterricht dagegen, der in Kleinstschritten aufgebaut ist, die vom Schüler nur nachvollzogen werden müssen, fördert kaum die Leistungsbereitschaft. In diesem Falle wird nämlich dem an sich höher zu bewertenden Wunsch der Kinder, sich selbständig mit einer Sache auseinanderzusetzen, nicht entsprochen, sondern ersetzt durch bloße Lob-Tadel-Praktiken in Abhängigkeit vom Lehrer.

3. Wie können Kinder ihre Leistungen zeigen?

Mathematikunterricht hat Lehrgangscharakter. Ganz bestimmte Ziele, die aber nur einen Teilbereich von Mathematikunterricht ausmachen, sind eindeutig festzulegen und können in schriftlichen Arbeiten wie Hausarbeiten, Tests, Lernkontrollen oder Klassenarbeiten, aber auch mündlich überprüft werden. Es gibt also Aufgaben, die primär nach „richtig" oder „falsch" gelöst zu gruppieren sind. Das Kind zeigt dabei einen Teilbereich dessen, was es gelernt hat; diese Lernleistungen lassen sich gut messen. Dies ist aber – wie gesagt – nur *eine* Seite der Mathematik.

Die andere, auch bei Klassenarbeiten oft vergessene Seite: Wesentliche Ziele des Mathematikunterrichts sind u. a. die Förderung fundamentaler Denktätigkeiten und -haltungen wie logisches Denken, Kommunikationsfähigkeit, Sprachförderung, Kritikfähigkeit, Problemlöseverhalten und Kreativität. Hier gibt es eine Fülle von Leistungen, die die Kinder erbringen, die vor allem *im Prozeß* sichtbar werden und vom Lehrer beobachtet werden können und müssen. Diese Art Leistungen erbringen Kinder vor allem, wenn sie allein oder gemeinsam – möglichst selbständig – lernen und Probleme lösen. Dabei ist es *hier* von sekundärer Bedeutung, ob am Ende das richtige Ergebnis herausgekommen ist oder ob die Kinder sich verrechnet haben. So kann zwar eine Aufgabe im Ergebnis falsch sein und trotzdem für den identifizierbaren und korrekt durchlaufenen Prozeß *anteilig* bewertet und in Klassenarbeiten sogar bepunktet werden.

4. Welche Bedingungen können die Leistungen der Kinder beeinflussen?

Sicher haben Sie schon oft den Ausspruch gehört: „In Mathematik war ich nie gut." Keiner aber würde gerne behaupten: „Rechtschreiben kann ich nicht". Leistungen in Mathematik hängen zwar von der Intelligenz, in gewisser Weise übergeordnet aber noch viel stärker davon ab, welche Wertschätzung dieses Fach in der Gesellschaft und in der Familie erfährt und welche Rollenklischees dabei oft unbewußt mitgedacht und tradiert werden.

Das hohe Abstraktionsniveau der Mathematik birgt die Gefahr, daß auch der Mathematik*unterricht* auf einem zu abstrakten Niveau stattfindet. Mathematik muß für das Kind begreifbar werden. Hier bietet die Didaktik eine Fülle von Materialien und Bildern.

Nicht zuletzt kann selbst ein gutes Schulbuch Leistungen negativ beeinflussen; immer dann nämlich, wenn ein individuelles Eingehen des Lehrers auf das Kind nötig wäre. Auch passiert es im Mathematikunterricht immer wieder, daß durch das Buch vorgegebene Lösungswege Kinder eher verwirren, ja sogar blockieren, sie aber bei vorsichtiger Führung durchaus sehr kreativ ihre eigenen Lösungswege entwickeln und aufschreiben können.

5. Wie können die Leistungen beurteilt werden?

Beurteilung von Mathematikleistung sollte immer *beide* Aspekte – Leistungen als Produkt und Leistungen, die im Prozeß erbracht werden – einschließen (s. Leitfrage 3).

a) *Leistungen als Produkt:*

Vor allem in differenzierten Lernkontrollen bzw. Klassenarbeiten hat der Lehrer eine gute Grundlage zur Beurteilung, sei es nach individueller Norm im 1. und 2. Schuljahr („Hat der Lernende gegenüber früher Fortschritte gemacht?"), sei es nach anforderungsbezogener Norm im 3. und 4. Schuljahr („Hat der Lernende die Ziele erreicht?").

Eine differenzierte Klassenarbeit könnte folgendermaßen entstehen:

In einer 3. Klasse ist die schriftliche Subtraktion mit Überschreitung bis hin zur Kurzform erarbeitet worden. Der Lehrer legte für dieses Thema für seine Lerngruppe grundlegende Anforderungen fest und bot darüber hinaus weiterreichende Anforderungen an. Die Unterrichtseinheit soll mit einer differenzierten Klassenarbeit abschließen; Kinder, Eltern und Lehrer sollen nun erfahren, mit welchem Erfolg gelernt wurde, inwieweit die grundlegenden Anforderungen, aber auch die weiterreichenden Angebote erfüllt werden können.

Grundlegende Anforderungen	1. Subtraktion ohne Überschreitung in Kurzform (stellengerechtes Untereinanderschreiben/Strich, stellenweises Rechnen von rechts nach links)

2. Subtraktion mit einer Überschreitung mit Notation des Übertrags
3. Subtraktion mit zwei Überschreitungen mit Notation des Übertrags
4. Subtraktion, bei der der Minuend oder das Ergebnis eine Null aufweisen
5. Einfachere Sachaufgaben

Weiterreichende Anforderungen
1. Subtraktion mehrerer Subtrahenden
2. Minuend gesucht
3. Einzelne Ziffern fehlen
4. Zahlenfolgen

Die Klassenarbeit besteht aus 2 Teilen. Inhalt des 1. Teils bis Aufgabe 9 sind die grundlegenden Anforderungen (²/₃ der Aufgaben, ²/₃ der Punkte), Inhalt des 2. Teils (Aufgaben 10–13) sind die tatsächlich in der Klasse bearbeiteten weiterreichenden Anforderungen (¹/₃ der Aufgaben, ¹/₃ der Punkte). Alle Aufgabenformen sind den Kindern vertraut.

Beispiel: Differenzierte Klassenarbeit

74

Zensierungsbeispiel:

sehr gut	(fast) alle Punkte	30–29
gut	mehr als ⅔ der Punkte	28–25
befriedigend	etwa ⅔ der Punkte	24–20
ausreichend	etwa die Hälfte der Punkte	19–15
mangelhaft	weniger als die Hälfte der Punkte	14–10

b) *Leistungen, die im Prozeß erbracht werden:*

Diese Leistungen sind schwerer faßbar und werden leicht „vergessen", nicht zuletzt aufgrund der Tatsache, daß weder in der Praxis noch in der Literatur Erfahrungswerte dazu vorliegen. Dies gilt besonders für Klassenarbeiten. Deshalb ist es sinnvoll und geboten, auch hierzu Modelle zu entwickeln. Solange diese nicht vorliegen, sollte der Lehrer aber wenigstens sein besonderes Augenmerk auf bereits erprobte Verfahren lenken, die es gestatten, Leistungen im Prozeß zu erfassen. So könnte der Lehrer ein pädagogisches Tagebuch führen und festhalten, ob ein Kind aktiv und kooperativ an Lösungsprozessen teilnimmt, ob es selbständig Aufgaben bzw. Probleme bearbeiten kann, ob es anderen hilft, aber auch Hilfe annehmen kann, ob das Kind gemäß seinem Entwicklungsstand und den Erfordernissen entsprechend Probleme mit Hilfe von Material, über Bilder oder auch schon abstrakt löst.
Neben dem pädagogischen Tagebuch könnte auch ein Beobachtungsbogen als Ergänzung eingesetzt werden. Derartige Erfassungsinstrumente stellen eine wertvolle, nicht zu unterschätzende Hilfe für den Lehrer dar. *Ihr großer Vorteil* liegt in der Sensibilisierung des Lehrers für diese oft vernachlässigten Leistungsbereiche; *eine Gefahr* erwächst jedoch möglicherweise daraus, daß ihnen eine Scheinobjektivität zugebilligt wird, die sie von der Natur der Sache her nicht haben können (vgl. Gütekriterien für Testinstrumente!).
[Beobachtungsbogen siehe folgende Seite]

Name des Schülers

Datum | Situation/beobachtetes Verhalten

Erläuterungen zum Beobachtungsbogen:

kreativ sein: z. B. sucht selbständig Lösungswege, hält nach Strukturen Ausschau, kann Gedanken oder Aufgaben variieren, kann einen Plan entwerfen

argumentieren: z. B. Aussagen begründen, Behauptungen überprüfen, auf Gegenargumente eingehen

mathematisieren: z. B. sachbezogene Fragestellungen gewinnen, Zusammenhänge der Realität in mathematische Begriffe übersetzen, mathematische Ergebnisse und Begriffe in die Realität hineindeuten

geistige Vorgehensweisen: z. B. klassifizieren, anordnen und umordnen, verallgemeinern, spezifizieren, Entsprechungen aufdecken, Übertragungen versuchen, schematisieren, ökonomisch darstellen

Fähigkeiten: mathematische Probleme zielgerichtet angehen

Einstellungen: z. B. Freude am Denken, Vertrauen in die eigene Denktätigkeit, positive Einstellung zur Mathematik

Soziales Lernen: z. B. sachlich kritisieren, Kritik ertragen können, Lernprobleme der

6. Wie können Leistungen zur Zeugniszensur zusammengefaßt werden?

Die Fragwürdigkeit der Zensurengebung soll und kann hier nicht diskutiert werden. Ein Schritt in die Richtung, die gesamte Situation etwas zu entschärfen und akzeptabler zu machen, ist, wenigstens Abschied von den üblichen Zensurgebungspraktiken im Mathematikunterricht zu nehmen: nämlich 4 oder 5 Mathematikarbeiten zu schreiben und am Ende auf Stellen genau den Durchschnitt zu errechnen. Vielmehr wäre es wichtig, einmal zu versuchen, mit der Zeugniszensur ein möglichst breites Leistungsfeld zu erfassen und dabei sowohl die Leistungen als Produkt als auch die Leistungen, die im Prozeß erbracht wurden, zu berücksichtigen; zum anderen in einer Rubrik „Hinweise zu den Lernbereichen" oder „Bemerkungen" zusätzlich immer dann Informationen zu geben, wenn Teilbereiche zum Guten oder Schlechten hin besonders herausragen.

Zur *Ermittlung* der Zeugniszensur muß der Lehrer sich noch einmal alle vom Kind erbrachten Leistungen vor Augen führen, um dann unter relativierter (im oben entwickelten Sinne!) Beachtung aller Teilbereiche zu einer Zensur zu kommen. Der Maßstab ergibt sich aus den grundlegenden Anforderungen, inwieweit sie erfüllt bzw. nicht erfüllt, oder aber Leistungen darüber hinaus erbracht wurden. Um Aufschluß über alle erbrachten Leistungen zu erhalten, sind folgende Schritte erforderlich:
- Durchsicht der Klassenarbeiten
- Durchsicht der Beobachtungsbögen bzw. des pädagogischen Tagebuches
- Durchsicht sonstiger Arbeitsprodukte wie z. B. in Schulheften
- Sich Erinnern an die mündlichen Beiträge und die Mitarbeit im allgemeinen im Mathematikunterricht.

Literatur:

Bartnitzky/Christiani: Zeugnisschreiben in der Grundschule. Agentur Dieck (Heinsberg) 1987
Bobrowski/Wuschansky: Differenzierte Lernkontrollen im Mathematikunterricht: Klasse 1 und 2. CVK (Bielefeld) 1983
H. Winter: Sachrechnen in der Grundschule. CVK (Bielefeld) 1985

Hartmut Schneider
Sachunterricht

1. Um welche Leistung geht es im Sachunterricht?

Schulische Leistungen der Kinder beziehen sich auf das, was diese Kinder im Unterricht lernen sollen und lernen können. Leistung, die ermittelt werden soll, um anschließend bewertet zu werden, kann sich demnach nur auf das im Unterricht Gelernte stützen.

Die Inhalte des Sachunterrichts sind seit Jahren immer wieder in der Diskussion. Es hat an zahlreichen Versuchen nicht gefehlt, einen Konsens über grundlegende Inhalte herbeizuführen, die dann auch als allgemein verbindlich anzuerkennen wären.

Die Vielgestaltigkeit sachunterrichtlicher Phänomene und die großen Unterschiede der individuellen Lebenssituationen der Kinder haben solche Bemühungen immer wieder erschwert. Daher ist derzeit nur dieser Weg gangbar:

Bei der Themenfestlegung weiß sich der Lehrer einerseits den Vorgaben der für ihn jeweils gültigen Richtlinien und Lehrpläne verpflichtet, andererseits wird er aber auch die spezifischen Besonderheiten und Ausprägungen der Lebens- und Lernumwelt seiner Schüler berücksichtigen.

So lassen sich hier lediglich diese allgemeineren Aussagen treffen, die es im einzelnen Fall zu konkretisieren gilt. Vom individuellen Standortbezug her entscheidet der Lehrer über die Anordnung und Gewichtung einzelner Inhalte sowie über mögliche sinnvolle Zusammenfassungen oder Erweiterungen einzelner Inhalte, die sich durch die Aufnahme aktuellen Geschehens ergänzen lassen.

Unter der Priorität der Handlungsorientierung sind die Kinder aber auch zu einer Fortentwicklung ihrer Verhaltensweisen, Einstellungen und Fertigkeiten zu befähigen. Kindliches Lernen bedeutet auch immer kindliches Handeln. Die ursprünglichen kindlichen Handlungsweisen werden im Sinne eines mehr und mehr zielgerichteten, sachbezogenen und reflektierten Tuns zu einer immer selbständigeren Erschließung der Lebenswirklichkeit entfaltet.

Handeln geschieht immer aus einer Motivation heraus, deren Grundlage die natürliche Fragehaltung des Menschen bildet. Anliegen des Sachunterrichts ist es auch, diese Fragehaltung aufzugreifen und im Sinne eines mehr methodischen Vorgehens entwickeln zu helfen.

Die Intentionen des Sachunterrichts sind darauf gerichtet, die vielfältigen Prozesse, in denen Kinder auf oft unterschiedlichen Wegen zu Ergebnissen gelangen, ebenso als eine Leistung zu gewichten, wie die Ergebnisse selbst. Sachunterrichtliches handlungsbezogenes und individuell ausgerichtetes Lernen und Leisten kennt Situationen, in denen der Prozeß wichtiger, weil aufschlußreicher und für die Kinder bedeutsamer ist als das daraus resultierende Produkt.

Beispiel: Ein Aquarium für unsere Klasse

Eine Klasse will ein Aquarium einrichten. Der Gesamtkomplex wird in die folgenden acht Teilthemen aufgegliedert:
1. Gefäß und Wasser 2. Boden 3. Pflanzen 4. Belichtung 5. Klimatisierung (Belüftung, Heizung) 6. Fische 7. Futter 8. Pflege, Unterhaltung.
Die Klasse entscheidet sich für Gruppenarbeit.
Das Vorgehen vom Plan bis zur Fertigstellung und Unterhaltung des Aquariums läßt sich grob nach folgenden Schritten strukturieren:
1. *Planungsphase:* Jede Gruppe überlegt für ihren Bereich, welche der möglichen Gegebenheiten realisiert werden sollen.
2. *Informationsphase:* Um den Plan zu realisieren, müssen die Kinder sich Informationen beschaffen. Diese werden sich hauptsächlich auf Sachaspekte beziehen.
(Phase 1 und 2 können zu einer verschmelzen.)
3. *Koordinierungsphase:* Die einzelnen Gruppen müssen ihre Ergebnisse allen übrigen mitteilen, sie miteinander vergleichen und daraus ein Gesamtkonzept erstellen.
4. *Erstellungsphase:* Die Gruppen arbeiten einzeln oder in Kooperation miteinander an der Erstellung des Aquariums. Dabei werden letzte Abstimmungen vorgenommen.
5. *Pflegephase:* Nach Fertigstellung des Aquariums muß seine Pflege und Unterhaltung organisiert werden. Dazu sind bestimmte Aktivitäten zeit- und sachgebunden auszuführen.
6. *Beobachtungsphase:* Am fertigen Biotop Aquarium läßt sich eine Reihe spontaner und gezielter Beobachtungen vornehmen. Auch Langzeitbeobachtungen unter bestimmten Bedingungen oder Fragestellungen sind möglich.
Hier soll kurz aufgezeigt werden, was die Kinder bei der Bewältigung einer solchen sachunterrichtlichen Aufgabe lernen:
– Die Kinder bringen ihre unterschiedlichen Lernerfahrungen ein,

regen sich gegenseitig an, Neues zu ergründen, und versuchen, sich selbsttätig und selbständig mit dem Gegenstand auseinanderzusetzen.
- Erste spontane Einschätzungen werden durch die Beschäftigung mit der Sache durch diese korrigiert und zu Erkenntnissen geführt.
- Die Kinder gehen mit der belebten Natur um und gewinnen so grundlegende Kenntnisse über die Lebensbedingungen von Pflanzen und Tieren.
- Sie werden zu sachgerechtem Problemfinden und -lösen angeregt.
- Sie erfahren ein Aquarium als eine ökologische Einheit, die durch das sinnvolle Zusammenwirken verschiedener natürlicher Gegebenheiten gekennzeichnet ist.
- Sie lernen bzw. üben, miteinander zu kooperieren, da das Gelingen der Aufgabe nur bei konstruktiver Zusammenarbeit möglich ist.
- Sie benutzen Geräte und Materialien und setzen sich mit ihnen auseinander.
- Handelnd bewältigen die Kinder ihre Aufgaben, wobei gelöste Teilprobleme zu neuen Fragestellungen führen.
- Sie lernen Verantwortungsbewußtsein gegenüber der belebten Natur.

2. Wie können Kinder zu diesen Leistungen angeregt werden?

Auch für den Sachunterricht gilt, die Lern- und Leistungsbereitschaft zu unterstützen und weiterentwickeln zu helfen, was auch hier wiederum nur ausgehend von den individuellen Möglichkeiten der Kinder gelingen kann.

Dies und die Formulierung der Leitfrage weisen darauf hin, daß hier in erster Linie die Lehrerin, der Lehrer angesprochen sind. Sie müssen den Leistungswillen und die Leistung der Kinder ernst nehmen, Leistung aber in einer pädagogisch verantwortungsbewußten Weise von ihnen auch fordern.

Folgende Aspekte mögen zur Anregung von Leistungsbereitschaft hilfreich sein:
- individuelle Zugangs- und Bewältigungsweisen ermöglichen
- Aspektreichtum der Inhalte so nutzen, daß die Kinder gerade auf-

grund ihrer individuellen Vorerfahrungen und Lernweisen erfolgreich sein können
- unterschiedliche Auffassungsweisen der Kinder berücksichtigen
- durch Handlungsorientierung zu motivierendem Selbst-tun anregen
- die Herkunft der Lerninhalte als solche aus der Erfahrungswelt der Kinder unterstreichen
- durch Umweltbezug und fächerübergreifendes Arbeiten die Sinnhaftigkeit des Lernens erleben lassen
- durch Beteiligung der Kinder an Entscheidungsprozessen ihre Mitverantwortung kontinuierlich erweitern
- durch eine reizvolle Lernumgebung die Freude am Lernen vergrößern
- durch eine befreiende Lernatmosphäre Kreativität fördern
- Lernhilfen bereithalten
- durch Präsentation von Schülerarbeiten (Ausstellung) Erfolgsgefühle der Kinder stärken.

3. Wie können Kinder ihre Leistungen zeigen?

Die Frage nach der Art und Weise, in der die Kinder ihre Leistungen zeigen, sollte im Zusammenhang mit einer weiteren Frage beantwortet werden: Wie weit ist der Lehrer sensibilisiert, Leistung über das reine Lernergebnis hinaus wahrzunehmen?

Die im Sachunterricht praktizierte Handlungsorientierung bringt es mit sich, daß sich Leistung auch – oder gerade – im Lern-*Prozeß*, also auf dem Wege zu einem bestimmten Lernergebnis hin, zeigen wird.

Beispiel: Fahrzeug mit Lenkung

Die Kinder versuchen, aus geeignetem Material ein zweiachsiges Fahrzeug herzustellen, das mittels der einen Achse gelenkt werden kann.

Aufgrund unterschiedlicher Vorerfahrungen wird sich der Prozeß zum gewünschten Ergebnis hin auch recht unterschiedlich gestalten: Das eine Kind wird nach angemessener Zeit ein Produkt zustande bringen, das der Aufgabenstellung entspricht.

Ein anderes Kind könnte die gesamte Arbeitszeit über verschiedene, erfolgversprechende oder auch weniger konstruktive Möglichkeiten ausprobieren, an deren Ende jedoch ein hinreichendes Ergebnis fehlt. Nun stellt sich die Frage: Welches der beiden Kinder hat eine Leistung erbracht?

Zunächst sollte aus der Tatsache eines fehlenden Ergebnisses im Sinne der Aufgabenstellung nicht gefolgert werden, daß hier keine Leistung vorliege. Möglicherweise ist die Aktivität des zweiten Kindes hinsichtlich einer Leistung individuell höher einzuschätzen als das, was sich beim ersten Kind im Ergebnis dokumentiert.

Ein Kind, das in einem Lernprozeß steht, ihn durchlebt, wird auch Leistung erbringen, wie diese auch immer geartet sein mag und wie auch immer der Lehrer es versteht, diese Leistung für sich selbst als solche erkennbar zu machen. Primär leistet das Kind für sich selbst, mag es nun aus der Sache (intrinsisch) oder von außen her (extrinsisch) motiviert sein.

Für den Bereich des Sachunterrichts sollen hier folgende Überlegungen festgehalten werden:
- Kinder, die in einer Lernsituation selbständig handeln, werden ihre Leistungen auch zu erkennen geben.
- Lehrerin und Lehrer sollten sich darauf einlassen, die Aktivitäten des Kindes während des gesamten Lernprozesses beobachtend zu begleiten, um für das, was das Kind eigentlich leistet, sensibler zu werden.
- Lernergebnisse im Sinne einer Lernleistung sind wichtig, sollten jedoch immer auch unter dem Aspekt des Prozesses zu ihrer Entstehung gesehen werden.
- Ein den Lernprozeß beobachtender Lehrer wird innerhalb des Unterrichtsverlaufs Möglichkeiten suchen und nutzen, die den Kindern eine größere Chance einräumen, ihre Leistungen zu zeigen.

4. Welche Bedingungen können die Leistungen der Kinder beeinflussen?

Im Rahmen dieser Arbeit kann nicht auf die Fülle aller Möglichkeiten der Leistungsbeeinflussung eingegangen werden. Hier sollen einige wichtige, sich auf Leistung im Sachunterricht negativ auswirkende Gegebenheiten genannt werden:
- Einseitig vorhandene Schülerinteressen (z. B. für Technik oder Tiere) können zur Vernachlässigung weiterer wünschenswerter

Auseinandersetzungen mit anderen Inhalten führen und somit Möglichkeiten zur Leistung reduzieren.
- Wenn der Lehrer einseitig seine Interessen verfolgt (z. B. für naturwissenschaftliche Themen), werden bei den Kindern bestimmte Lern- und Leistungsanreize (z. B. für historische Themen) nicht zugelassen.
- Zu starker Leistungsdruck etwa im Hinblick auf reines Faktenwissen kann zu Leistungsunlust führen.
- Zu starkes Entgegenkommen des Lehrers könnte zu Leistungsentwöhnung, zu starkes Einmischen des Lehrers (Helfersyndrom) zu größerer Unselbständigkeit und geringerer Leistungsmotivation führen. Beide Gefahren sind gerade auch in einem Unterricht gegeben, der den handelnden Schüler in seine Mitte stellt.
- Leistungsunsicherheit und Entmutigung können sich auch dann einstellen, wenn die Leistungen, die ein Kind während des Lernprozesses bei jedoch nicht hinreichendem Endergebnis erbringt, nicht angemessen gewürdigt werden.
- Der Sachunterricht, der die Chancen zur größtmöglichen Entfaltung von Selbsttätigkeit und Selbständigkeit durch handelnde Kinder nicht nutzt, wird Leistung reduzieren.

5. Wie können die Leistungen beurteilt werden?

Da die Leistungsfeststellung der Beurteilung vorausgeht, gilt auch hier wieder, daß die in den vielfältigen Prozessen des Sachunterrichts verborgenen Leistungen ermittelt werden müssen. Dabei muß die erkannte Leistung auf dem Hintergrund der jeweils individuellen Lernvoraussetzungen des einzelnen Kindes betrachtet und gewertet werden. Grundlage der Beurteilungspraxis sollte die Ermutigung des Kindes sein, von seinem einmal erreichten Niveau aus weiterzulernen, seine Erfahrungen einzubringen und auch individuelle und neue Wege zur Bewältigung der Aufgaben zu gehen.

Gerade der Sachunterricht bietet in der Hinsicht vielfältige Möglichkeiten, die u. a. im Aspektreichtum seiner Inhalte, im Forschen, Untersuchen, Beobachten und Experimentieren oder auch im Miteinanderlernen in unterschiedlichen sozialen Konstellationen liegen. All die hier gegebenen möglichen Aktivitäten der Kinder zur Leistungsfeststellung zu nutzen, heißt auch, die Beurteilung der Leistungen auf eine breitere und gerechtere Basis zu stellen.

Der für die sich in Prozessen zeigenden Leistungen sensibilisierte Lehrer sollte versuchen, die mögliche negative Wirkung seiner Beobachterrolle abzuschwächen, z. B. indem er die Kinder in den Prozeß seiner Leistungsfindung und -beurteilung mehr und mehr einbezieht. Hier könnten die Kinder angeregt werden, eine bessere und mit der Zeit sachlichere Selbsteinschätzung zu entwickeln und Fremdeinschätzung besser und verständnisvoller nachvollziehen und akzeptieren zu können.

An dieser Stelle ein Wort zu informellen Tests:
Informelle Tests haben die Aufgabe, im Anschluß an eine Lernsequenz das von den Schülern erworbene Wissen abzufragen. Dabei können die Kinder verbal und/oder graphisch auf eine Frage- bzw. Aufgabenstellung des Lehrers reagieren. Die so ermittelten Ergebnisse werden teils als Orientierungswissen des Lehrers zur Gestaltung des folgenden Unterrichts ausgewertet, teils zur Leistungsmessung und -beurteilung der Schüler herangezogen.

In beiderlei Hinsicht und unabhängig davon, mit welcher Gewichtung bei einer Gesamteinschätzung der Schüler informelle Tests eine Rolle spielen, dürfen doch einige wichtige Kritikpunkte nicht übersehen werden:

- Die im Sachunterricht in der Regel recht komplexen Sachverhalte werden hier auf wenige, die gesamte Komplexität der Themen niemals treffende Fragen und Aufgabenstellungen reduziert.
- Die gestellten Aufgaben zielen letztlich nur auf die Reproduktion von Wissensbeständen ab. Diese sind aber – ohne sie unterschätzen zu wollen – lediglich ein Teil dessen, was im Sachunterricht gelernt werden soll. Anders ausgedrückt: Die im Sachunterricht anzustrebenden Lernergebnisse lassen sich nur zum Teil in eine test-typische Frage- oder Aufgabenform bringen.
- Damit wird folgerichtig zugleich bezweifelt, daß sich etwa Einstellungen, Werthaltungen, Handfertigkeiten, Problemlöseverhalten, Kreativität, Kommunikationsfähigkeit, Sozialverhalten, konstruktives Denken oder die Fähigkeit, Zusammenhänge zu entdecken und sachangemessene Fragen an den Sachverhalt zu richten, jemals gültig in einem solchen Test ermitteln ließen.
- Die im informellen Test möglichen Reaktionsweisen der Schüler, also verbal und graphisch, bringen eine weitere ganz gravierende Reduktion, und zwar eine solche in den Ausdrucksmitteln der Kinder. Hier sind Benachteiligungen, die mit der Sache selbst nichts zu tun haben, von vornherein gegeben. Sie treffen die

Schüler, die besonders in ihrer verbalen Ausdrucksfähigkeit eingeschränkt sind.

Allein eine Betrachtung der beiden skizzierten Themen „Aquarium" und „Fahrzeug mit Lenkung" lassen unschwer die Problematik von informellen Tests im Hinblick auf die Lernleistung der Kinder erkennen.

Und so könnte sich die Beurteilung von Leistung in der Unterrichtspraxis konkret vollziehen:

a) *Vor dem Lernen:*
Gemeint sind hier alle jene Aktivitäten und Überlegungen (vor allem die des Lehrers), die stattgefunden haben müssen, bevor Kinder mit einer Lernsituation konfrontiert werden. Insbesondere geht es darum, die *Ziele und Aufgabenstellungen des Unterrichts* genau zu kennen. Wünschenswert wäre auch, die *individuelle Lernausgangslage* der Schüler möglichst genau einzuschätzen. Sind die Ziele und Inhalte des Unterrichts bekannt, dann – und nur dann – läßt sich eine schlüssige und verbindliche Aussage darüber treffen, was als eine *grundlegende Anforderung* zu gelten hat und damit auch für alle Schüler als ein anzustrebendes Leistungsziel verbindlich wird. Der planende Lehrer orientiert sich dabei an den für seinen Amtsbereich gültigen Lehr- und Arbeitsplänen und an den individuellen Lernvoraussetzungen seiner Lerngruppe.

b) *Beim Lernen:*
Während des Lernprozesses befindet sich der Lehrer in der Rolle des Beobachters. Er versucht, die Lernwege und auch die -umwege der Kinder zu ergründen und das Maß des individuellen Lernfortschritts zu ermitteln.

Es bleibt ihm überlassen, inwieweit er seine Beobachtungsergebnisse fixiert. Ratsam ist dies schon, allein wegen der Fülle der Daten, die in einer Klasse ermittelt werden können.

Die so gewonnenen Ergebnisse dienen dann nicht nur der Bewertung der Leistungen der Kinder, sondern auch als Basis für die folgenden Unterrichtsplanungen.

c) *Nach dem Lernen:*
An dieser Stelle bildet sich das eigentliche Leistungs-Urteil. Aufgabenstellung bzw. die Anforderungen und individueller Lernzuwachs werden zueinander in Beziehung gesetzt, wobei sich ausdrücken läßt, wie bzw. inwieweit die in den Anforderungen liegenden Ziele und Lernabsichten eingelöst wurden.

Liebe Katrin,

Dein Ordner sieht schon auf den ersten Blick sehr schön und ordentlich aus. Er enthält auch alle Beiträge, die wir bisher gesammelt haben.

Ich will Dir aber ein wenig mehr über meinen Eindruck zur letzten Aufgabe sagen:

Das Thema Kläranlage hast Du mit Stefan und Nadine sehr ausführlich und sachlich fehlerfrei beschrieben. Euer gemeinsamer Text ist gut so. Du hast Dir Mühe gegeben, sauber und ohne Fehler zu schreiben. Das ist Dir gelungen. Ich habe ihn mit Interesse gelesen.

Die Skizze, die Du noch hinzugefügt hast, ist sehr anschaulich. Ich finde sie gut. Überlege einmal, ob einige Fotos die Arbeit nicht noch ergänzen sollten. Schau doch im Regal bei den Zeitschriften und Prospekten einmal nach! Laß Dir dabei von Nadine und Stefan helfen! Du machst ja alles sehr selbständig, aber denke bitte daran, daß Du hier in einer Gruppe arbeitest!

Insgesamt darfst Du mit Deiner bisherigen Leistung sehr zufrieden sein. Du bekommst dafür ein „gut".

Dein SU-Lehrer

Die didaktische Konzeption des Sachunterrichts bringt es mit sich, daß hier die anforderungsbezogenen Leistungen nur einen Teil der Beurteilung ausmachen können. Dieser ist durch den individualbezogenen Blick auf die Leistung zu ergänzen, wenn der Beurteiler nicht Gefahr laufen will, die oft stark divergierenden Lernvoraussetzungen seiner Schüler zu mißachten oder die weniger ergebnis- und mehr prozeßorientierten Leistungen der Kinder zu vernachlässigen.

Hier der Versuch, einem Kind im Anschluß an eine Arbeitssequenz eine Rückmeldung zu seiner Leistung zu geben. Katrin hat zuletzt in einer Gruppe zusammen mit Stefan und Nadine das Thema „Kläranlage" bearbeitet. Die bisherigen Ergebnisse sind in den Sachunterrichts-Ordner eingeheftet.

6. Wie können die Leistungen zur Zeugniszensur zusammengefaßt werden?

An dieser Stelle fließen alle bisher angestellten Überlegungen zusammen. Die zu Beginn festgelegten Anforderungen dienen als Vergleichsmaßstab für die erbrachte Leistung. Hier verdichtet sich ein erster Eindruck, der aber nicht der endgültige sein kann. Ergänzend und modifizierend treten Überlegungen hinzu, die sich auf die Art und Weise des Zustandekommens dieser Leistung beziehen.

Gab es Störungen, die die Leistung beeinflußt haben? Hatte der Schüler eine genügend große Chance, seine Leistung zu verdeutlichen? Welche Beobachtungen konnten *während* des Lernprozesses gemacht werden, und auf welche Leistung lassen diese schließen? Von welchem Leistungsniveau aus ist der Schüler in den neuen Lernprozeß gestartet? Was wurde neu hinzugewonnen?

In der Leistungsnote, die am Ende des Beurteilungsprozesses steht, finden all diese Überlegungen und Wägungen ihren Niederschlag. Deutlich wird dies, wenn der umgekehrte Weg beschritten und die erteilte Note erläutert wird.

Die Definition der Notenstufen schreibt bei der Note „befriedigend" vor, daß hier die Anforderungen im allgemeinen erreicht sein müssen. Anforderungen im Sachunterricht sicherlich nicht in der engen Sicht auf abfragbares Wissen ausschließlich und ohne angemessene Berücksichtigung der Startposition eines Schülers, sondern im Sinne dessen, was in den vorangegangenen Beschreibungen deutlich wurde. Der Begriff „Anforderungen" sollte zumindest für den Bereich des

Sachunterrichts in einer solchen ‚erweiterten' Definition verwendet werden, da dies der didaktischen Konzeption des Sachunterrichts gerechter wird.

Die übrigen Noten lassen sich von ihrer Definition her im Hinblick auf die jeweiligen Anforderungen ähnlich ermitteln bzw. vom „Befriedigend" her aufschließen.

Die Mühe, die der Sachunterrichts-Lehrer so für eine gerechtere und treffendere Notengebung aufwendet, erhält mit dem Blick auf den Sachunterricht eine zusätzliche Begründung und Notwendigkeit: Gerade hier ist der Ort, Prozesse und Entscheidungen im zwischenmenschlichen Bereich transparenter und damit verständlicher zu gestalten. Eine Note sollte daher für ein Kind zumindest plausibel, d. h. rückbeziehbar sein auf seinen ganz individuellen Lernprozeß.

Literatur

Bartnitzky/Christiani: Zeugnisschreiben in der Grundschule, Agentur Dieck (Heinsberg) 1987

G. E. Becker: Auswertung und Beurteilung von Unterricht, Handlungsorientierte Didaktik Teil III. Beltz (Weinheim) 1986

Trudi Schutte
Kunst / Textilgestaltung

Die Geschichte der Kunstpädagogik hat eine sehr wechselvolle Entwicklung in der Abfolge einander kritisierender Konzeptionen durchlaufen. Vor dem Hintergrund sehr unterschiedlicher Bezugswissenschaften wurden die didaktischen Konzepte besonders in den 70er Jahren auf hohem theoretischem Niveau diskutiert.

Lehrer/innen in der Praxis, besonders im Grundschulbereich, fanden dabei keine konkreten Hilfen für die Unterrichtsgestaltung, insbesondere dann nicht, wenn sie fachfremd unterrichten mußten. Sie griffen darum gern nach Rezepten zum Bildermalen bzw. zur Ausführung einer bestimmten Technik oder Bastelarbeit. Loseblattsammlungen wurden zum Ankerplatz. Der Lernbereich erfuhr eine verbale Fixierung auf den Begriff „Kunst", was immer auch damit gemeint war.

Seit etwa 10 Jahren entwickelt sich nun das didaktische Konzept der „Ästhetischen Erziehung", der „musisch-ästhetischen Bildung", wie es in einigen Bundesländern genannt wird. Es zeichnet sich eine didaktische Konzeption unter der Leitidee schülerzentrierten Unterrichts ab. Dabei ist der Begriff „ästhetisch" nicht wertend auf „das Schöne, Wohlgestaltete" gerichtet, sondern eher allgemein auf Wahrnehmungs-, Realisierungs-, Realisations- und Interpretationsprozesse.

„Mit allen Sinnen lernen – Sinn-volle ästhetische Erziehung: wahrnehmen, begreifen, gestalten" – mit dieser kurzen Definition bringt Adelheid Staudte das didaktische Konzept ästhetischer Erziehung auf den Begriff (in: Grundschulzeitschrift, Heft 8/87, S. 4).

1. Um welche Leistungen geht es?

Die Kinder machen in ihrer Lebenswirklichkeit Erfahrungen mit ästhetisch-kulturellen Erscheinungen und Vorgängen. Der Unterricht im Lernbereich Kunst/Textilgestaltung nimmt diese Erfahrungen auf, macht sie bewußt und erweitert sie. Dadurch leistet er einen Beitrag zum Erziehungs- und Bildungsauftrag der Grundschule.

Beispiel: „Dinosaurier"

Die Kinder eines dritten Schuljahres beginnen plötzlich, sich für Dinosaurier zu interessieren. Auslöser ist ein Zeitungsausschnitt über einen sensationellen Fund in England, den ein Kind mitbringt. Ich werde von dem lebhaften Gespräch, das sich darum entspinnt, und dem Vorwissen einiger „Experten" überrascht.

Als dann der Vorschlag kommt, das Thema „Dinosaurier" („Dinos" sagen die Kinder bald) im Unterricht zu behandeln, wage ich es nicht, unseren „eigentlichen" Stoff vorzuschieben, sondern frage, wie sie sich das denn vorstellen.

Die Vorschläge sprudeln:
- Wir können alles mitbringen, was wir über „Dinos" haben.
- Ich kann einen Vortrag halten.
- Wir können uns alle einen Dino aussuchen, ihn zeichnen und darüber schreiben.
- Wir können ein Dinosaurier-Land bauen mit Vulkanen, Höhlen, und kleine Dinos aus Knete hineinstellen.
- Wir können eine große Ausstellung für andere Klassen machen und ihnen alles erklären.
- Wir können einen „Dino-Club" gründen und uns Sticker und Buttons dafür machen.
- Wir können einen riesigen Dinosaurier bauen.

Während ich die Vorschläge an der Tafel sammle, überlege ich gleichzeitig, wie ich die Arbeit fachlich bzw. fachübergreifend realisieren, rechtfertigen und auch bewerten kann.

Geradezu idealtypisch hatte sich hier ein Anlaß ergeben, aus dem sich die Kinder aus einem persönlichen Interesse heraus Sachverhalten und Phänomenen aktiv-handelnd zuwenden wollten. Es ergab sich die Gelegenheit, die Kinder sowohl machend als auch denkend zu neuen Erkenntnissen und Erfahrungen im Sinne ästhetischer Lernprozesse zu führen.

Grundlegende Verhaltensweisen konnten mit den Kindern gemeinsam in sinnvollen Lernsituationen angebahnt und entwickelt werden und mußten nicht als vorgedachtes Wissen von der Lehrerin eingebracht werden.

Um der Sache willen und dem Vorhaben angemessen konnten die Kinder
- Informationen und Materialien sammeln, ordnen, zuordnen und gliedern
- Sachverhalte kennzeichnen, dokumentieren

- Bildeindrücke und Vorgestelltes vielfach wiedergeben, umgestalten und auch neue Formen finden
- Gestaltungsprozesse und -produkte planen und herstellen, Verfahren erproben
- sich mit Freude und Engagement gemeinsam mit anderen auf Gestaltungsprozesse einlassen, dabei auch Konflikte und Enttäuschungen erleben, aushalten und bewältigen.

2. Wie können die Kinder zu diesen Leistungen angeregt werden?

In unserem Beispiel entsprang der Impuls und die Intention für die Gestaltungsideen unmittelbar und spontan aus dem Interesse der Kinder. In anderen Fällen liegt es am Spürsinn und Einfühlungsvermögen der Lehrer/innen, mit den Kindern gemeinsam Gestaltungsanlässe zu finden, mit denen sie sich identifizieren können, um einen schülerorientierten, kindgemäßen Unterricht zu verwirklichen.

Folgende Planungsperspektiven sollten in jeweils unterschiedlicher Gewichtung berücksichtigt werden:

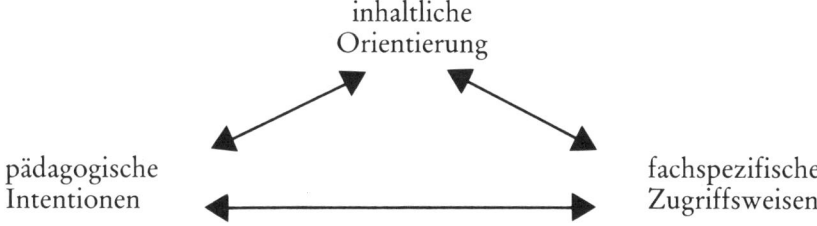

Die *inhaltliche (thematische) Orientierung* geschieht an der Lebenswirklichkeit, den Alltagserfahrungen, den Bedürfnissen und Wünschen der Kinder, z. B. in fächerübergreifenden Lerneinheiten. Sie betrifft die Handlungsbereiche Spiel, Kleidung, Wohnen, Medien, Natur, Kunst.

Fachspezifische Zugriffsweisen, d. h. Verfahren und Methoden, die der Entwicklung der Wahrnehmungs- und Darstellungsfähigkeiten sowie der Anbahnung sozialer Lernprozesse im gemeinsamen Tun dienen, werden gemeinsam geplant und angeregt. Unterschiedliche Vorgehensweisen sollten zugelassen werden.

Pädagogische Intentionen fachspezifischer und allgemeiner Art verfolgen Lehrer/innen aus ihrer Professionalität heraus. Sie lenken, koordinieren und organisieren, bestätigen, ermutigen und beurteilen die Lernwege der Kinder.

In unserem Beispiel sah das so aus:

a) „Dino-Steckbriefe" haben alle Kinder gezeichnet. Einige haben Abbildungen als Vorlage benutzt, andere haben sich einen eigenen ausgedacht, z. B. Anke den „Anko-saurus" mit der Begründung, daß dieser gerade erst erforscht worden sei. Dies geschah eigentlich im Sachunterricht, wurde aber auch im Kunstunterricht bewertet.

b) Nachdem wir viel über die Erforschung, die Arten, Lebensräume und -gewohnheiten der Dinosaurier im Sachunterricht in Erfahrung gebracht hatten, regte ich die Kinder zu einer Gestaltungsaufgabe an, die sie nicht selbst vorgeplant hatten. Die urzeitlichen Pflanzenarten sowie die nackte Echsenhaut der Saurier brachten mich auf die Frottagetechnik als Darstellungsform.

Also brachte ich Zuschnitte von unterschiedlichen Strukturtapeten mit in den Unterricht, stellte Wachsmalstifte und Pergamentpapier bereit und regte die Kinder an, in zwei Arbeitsschritten die Technik des „Rubbelns" zu erproben und anschließend einen Dinosaurier im Urwald mit dieser Technik darzustellen. Einige Kinder stellten auch einen Saurier im Wasser dar.

c) Roland hatte bei der ersten Besprechung den Bau eines „Dinosaurier-Landes" vorgeschlagen. Als sein Vorschlag eines Tages spruchreif wurde, konnte er genau vortragen, wie er es sich gedacht hatte.

Alle Kinder sollten mitarbeiten können. Einige sollten das Landschaftsrelief mit Zeitungspapier und Kleister zusammenbauen. Andere hätten die Möglichkeit, aus einer farbigen Plastilinmasse, die Roland in der Bastelecke der Klasse entdeckt hatte, verschiedene Dinosaurier zu formen.

3. Wie können Kinder ihre Leistungen zeigen?

a) Bei der *gemeinsamen Planung* von Gestaltungsaufgaben können sich alle Kinder gleichmäßig beteiligen und ihre Vorstellungen und Verstehensweisen ausdrücken. Art und Umfang der Beiträge werden von Lehrer/innen und den Kindern gemeinsam gewürdigt. In unserem Beispiel haben alle Kinder sich in unterschiedlicher Ausprägung an den Vorgesprächen beteiligt und sich auf Planungen eingelassen bzw. eigene Ideen hinzugefügt.

Roland z. B. hatte das Dinosaurier-Land vorgeschlagen und unmittelbar danach nach Realisierungsmöglichkeiten gesucht. Er fand Zeitungspapier und Plastilin in der Klasse.

b) Bei der *Realisation* plante und organisierte Roland mit anderen Kindern gemeinsam. Die Mitarbeiter arbeiten in Gruppen, einige gestalten das Landschaftsrelief, andere die Dinosaurier aus Plastilin. Sie arbeiten sehr konzentriert, orientieren sich aber zwischendurch bei den anderen, geben sich gegenseitig Ratschläge und behalten so ihr gemeinsames Vorhaben im Blick.

DINOSAURIER-PROJEKT

Inhalt/Aufgabe	*Grundlegende Verhaltensweisen*	*Grundanforderungen/ fachspezif. Zugriffsweisen*
1. D-„Steckbrief" entwerfen (evtl. für D-Buch)	sammeln, ordnen, einordnen, gliedern	zeichnen und schreiben, evtl. drucken (u. lay-outen), Sachzeichnung naturgetreu, Flächengliederung mit Schrift
2. D-Bilder gestalten (z. B. Frottage)	Materialien sammeln, der Gestaltungsabsicht entsprechend zuordnen und verwenden	*Zeichnen und Malen:* Frottagetechnik anwenden, signifikante Details durch Binnenstrukturen und Musterungen darstellen, eine Fläche durch Farbe und Form gliedern
3. D-Plastiken herstellen (besonders: eine Großplastik planen und im Modell erproben)	etwas planen, herstellen, erproben	*Plastizieren und Bauen:* Figuren mit differenzierter Gliedmaßengestaltung formen, Oberflächen strukturieren

4. D-Reliefs gestalten – Wandfries planen und im Modell erproben – Versteinerungen nachempfinden und gestalten	Materialien und Gegenstände sammeln, etwas planen, herstellen, erproben	*Plastizieren und Bauen:* eine Fläche halb-plastisch gestalten und gliedern, Oberflächenstrukturen plastischer Objekte differenziert einsetzen
– Landschaftsmodell herstellen und gestalten	etwas planen, herstellen, erproben, Arbeitsablauf strukturieren und realisieren	
– Diorama (Landschaft im Karton)		

Weitere Gestaltungsmöglichkeiten: Bilddruckverfahren (z. B. Linoldruck), Stickbilder, Stoffapplikationen, Club-Button gestalten (Symbolfigur finden), Spielfiguren gestalten (Strumpfpuppen, Schattenfiguren), Flugsaurier als Mobile, eine D-Ausstellung planen (Plakate entwerfen, Exponate herstellen/anordnen) . . .

4. Welche Bedingungen können die Leistungen der Kinder beeinflussen?

Eine Auswahl der Bedingungsfaktoren sei hier assoziativ und unsystematisch genannt und mit positiven oder negativen Beispielen belegt. Lehrer/innen sollten stets solche Bedingungen zum Wohle des Kindes beachten. Dies gelingt aber in der Praxis „nur" ebenso punktuell und individuell wie diese Auflistung. Lesen Sie also das Folgende als Denkanstöße.

● *Art und Grad der persönlichen Betroffenheit, Bereitschaft zur Auseinandersetzung*
Chan Ho, Sohn koreanischer Eltern, verhält sich kühl und leistungsbezogen besonders meßbaren Ergebnissen im Rechtschreiben und Rechnen gegenüber. Er engagiert sich nicht persönlich für Unterrichtsinhalte, sondern interessiert sich nur für gute Noten.

● *Individuelle Fähigkeiten und Begabungen*
Linda nimmt ein Thema auf, braucht nicht lange über eine Technik nachzudenken, sondern geht ganz locker und sehr konzentriert vor und gelangt stets zu ungewöhnlichen Lösungen, die schon früh einen persönlichen Duktus erkennen lassen. Bei Gruppenarbeiten wirkt sie sehr anregend auf die Gruppenmitglieder.

● *Materiale Ausstattung*
Georg ist ein Kind von Spätaussiedlern. Seine Eltern und er finden sich gerade erst in unserer Gesellschaft zurecht. Seine Schulausstattung ist unvollständig. Die Lehrerin erwartet aber, daß er genau wie alle anderen die geforderten Materialien bereithält. Er kann darum nicht alle Aufgaben lösen. Niemand hilft ihm.

● *Konzentrationsfähigkeit und Durchhaltevermögen*
Nadine und zwei jüngere Geschwister leben mit der Mutter allein. Der Vater macht ständig Schwierigkeiten. Nadine kann sich nicht auf gemeinsame Gestaltungsaufgaben konzentrieren. Sie zeichnet im Kunstunterricht eigene Bilder, die sie und ihre Situation betreffen.

● *Art und Weise der Präsentation durch die Lehrer/innen*
Vor jeder Kunststunde überlegt sich die Lehrerin ein Thema und die dazugehörige Technik oder umgekehrt. Die Kinder wissen, was sie mitbringen sollen, erfahren aber erst in der Stunde selbst, was sie tun sollen.

● *Art und Weise der Rückmeldungen durch Mitschüler/innen und Lehrer/innen*
Thorsten hat in der Schule fast schon resigniert. Es gelingt ihm gar nichts, selbst wenn er Streit anfängt, ist er unterlegen. Die Kunstlehrerin lobt und ermutigt ihn besonders. Allmählich beteiligen sich die Mitschüler daran. Einmal erhält er sogar für eine besonders originelle Arbeit ein „sehr gut". Er steigert seine Anstrengungs- und Leistungsbereitschaft zunächst nur in diesem Fach.

● *Entwicklungsstand im Rahmen der Lerngruppe*
Manuel zeichnet zu Anfang des zweiten Schuljahres immer noch Kopffüßler, wenn Menschendarstellungen gefordert sind. Die Lehrerin spricht mit den Eltern über Manuels Entwicklungsstand, der allgemein nicht dem Durchschnitt der Klasse entspricht. Ein freiwilliger Rücktritt in Klasse 1 wird empfohlen.

● *Erfahrungen mit der Bedeutung ästhetischer Tätigkeiten, Wertschätzung allgemein und im Vergleich zu anderen Lernbereichen*
Sven wird von seinen Eltern zu überangepaßtem Verhalten erzogen, seine Mutter gibt ihm regelmäßig Wollreste für die Materialsammlung in der Klasse mit. Gemeinsame Gestaltungsideen und deren Verwirk-

lichung vollzieht er nicht recht mit. In seinem anerzogenen Verständnis besteht Schule aus Schreiben, Lesen und Rechnen. Darin ist er gut und strengt sich auch an. Gestaltungsaufgaben löst er schnell und oberflächlich.

● *Gewöhnung an bestimmte Formen des Konsumverhaltens im Wahrnehmungs- und Gestaltungsbereich (Medienkonsum, Kaufgewohnheiten, kulturelle Interessen)*
Marina geht nachmittags in die Musikschule und nimmt an einem Malkurs teil. Regelmäßig besucht sie die Bibliothek. Sie ist an produktive Verhaltensweisen gewöhnt und kann sich in Aufgaben vertiefen. Amir hingegen hört am liebsten Kassetten und liest hauptsächlich Comics. Er zeichnet sehr gerne, jedoch fast ausschließlich Comic-Figuren mit Sprechblasen.

Lehrer/innen und Mitschüler/innen können viele dieser z. T. hinderlichen Bedingungen im Unterricht und bei der Leistungsbewertung berücksichtigen und unterschiedliche Ausgangslagen beachten. Dabei können sowohl materiale Unterstützung, Ermutigung und Anerkennung, die alle Beteiligten einander entgegenbringen, hilfreich sein, ebenso eine rücksichtsvolle und umsichtige Form der Leistungsbewertung.

5. Wie können die Leistungen beurteilt werden?

In den folgenden Ausführungen kehre ich wieder zu dem Dinosaurier-Projekt in einem 3. Schuljahr zurück.
   Wichtige Grundvoraussetzungen für eine angemessene Leistungsbewertung waren gegeben:
- Das *Thema* (Gestaltungsinhalt und -absicht) traf das Interesse der Kinder.
- Bestimmte *Aufgabenstellungen,* Techniken und Darstellungsformen wurden von ihnen selbständig entwickelt.
- Aufgaben, die die Lehrerin vorschlug, wurden akzeptiert, weil sie das Thema betrafen.
- Die Aufgabenstellungen waren so differenziert, daß möglichst alle Kinder nach eigenem Vermögen und individuellem Anreiz Realisationsmöglichkeiten finden und entwickeln konnten.
- Bestimmte *Grundanforderungen* zur Aufgabenbewältigung und -lösung konnten vorab mit den Kindern gemeinsam besprochen und verabredet werden (einige Möglichkeiten, fachspezifische

Grundanforderungen zu definieren, wurden von mir beispielhaft auf dem Projektplan eingetragen, vgl. Übersicht „Dinosaurier-Projekt").

1. Schritt der Bewertung: Die Vorbereitung

- Wie verhielt sich das Kind (oder die Gruppe) bei der Vorbereitung der Arbeit?
- Entwickelte sich ein detailliertes Planungsgespräch, in dem das Kind seine Gestaltungsideen im Hinblick auf inhaltliche, formale und materiale Realisationsmöglichkeiten einbringen konnte?
- Wer beteiligte sich besonders aktiv und konstruktiv?
- In welchem Verhältnis stehen diese Aktivitäten zu denen in den nächsten Phasen der Arbeit?

2. Schritt der Bewertung: Der Arbeitsprozeß

- Wie beteiligte sich das Kind (oder die Gruppe) an der Materialplanung und -bereitstellung?
- Wie ging es mit den Materialien im Hinblick auf die Gestaltungsidee um?
- Entwickelte das Kind ungewöhnliche, unvorhersehbare Realisationsmöglichkeiten?
- Wurden „Fehlschläge" zu positiven Erfahrungen genutzt?
- Arbeitete das Kind konzentriert und gewissenhaft?
- Arbeitete das Kind partnerschaftlich mit anderen gemeinsam?
- Wie hat das Kind seinen Arbeitsprozeß organisiert (z. B. zügig und aufgabenbezogen)?

3. Schritt der Bewertung: Die Reflexion

- Kann das Kind die vereinbarten Darstellungskriterien auf das Ergebnis beziehen?
- Kann das Kind seine eigene Arbeit distanziert einschätzen?
- Wie geht das Kind mit weniger gut gelungenen Arbeitsergebnissen um (z. B. konstruktiv, ermutigend)?
- Gelingt es, unkonventionelle, originelle Lösungen angemessen zu würdigen?

Einige Beispiele:

Die Kinder des dritten Schuljahres kennen „Klecksi". Er hilft mir zuhause bei der Beurteilung und trifft meistens genau, was die Kinder schon vorher gesagt haben. Alle Unterrichtsergebnisse insgesamt mit den Kindern zu besprechen, gelingt aus Zeitgründen nur sehr selten. Unsere Verabredung lautet: Einige Arbeiten werden gemeinsam bewertet, und dann weiß Klecksi, woran er sich zu halten hat. Klecksi gibt ausführliche Begründungen in der großen Sprechblase, kurze Begründungen für besonders gute Bewertungen stehen in der sternförmigen Sprechblase, kurze Begründungen für recht gute Leistungen enthält die gepunktete Sprechblase.

Beispiel 1: Tim hat zu feste gerubbelt, dabei zu viel Zeit gebraucht und erst nach einer Zwischenbesprechung die richtige Erfahrung gemacht. Darum fanden die Kinder die Note „ausreichend" gerechtfertigt. Klecksi ermutigt Tim zu neuen Versuchen.

Beispiel 2: Daniel hat den Saurier von vorne dargestellt. Diese originelle Leistung wurde von den Kindern besonders hervorgehoben. Klecksi gibt einen kurzen, aber begeisterten Kommentar.

98

Marcel,

Kleksi meint: *rev Deinen Rubbelversuchen*

Du hast verschiedene Muster unterschiedlich feste gerubbelt. Dabei hast Du gute Erfahrungen gemacht, über die Du mit uns sprechen konntest.

gut
22. 2. 87

Beispiel 3: Marcel hat die Fläche fleißig gefüllt und dabei sehr unterschiedliche Erfahrungen mit der Technik gemacht. Darüber hinaus konnte er in der Nachbesprechung z. B. assoziieren: „Das sieht aus wie der Stamm eines Siegelbaumes" usw. Klecksi würdigt seine Leistung in einem ausführlichen Kommentar.

Chan Ho,

Kleksi meint:

Dino gut getroffen, Urwald sehr dicht, ein bißchen unsortiert.

gut
27. 2. 87

Beispiel 4: Chan Ho hat sich einige Mühe mit dem Saurier gegeben und die Form typisch getroffen. Den Hintergrund hat er z. T. schnell und flüchtig gefüllt. Klecksi gibt ihm nach der gemeinsamen Besprechung einen kurzen Kommentar.

Klecksi meint:

Roland, Du hast den Vorschlag gemacht, ein Dinosaurierland zu bauen. Mit anderen Kindern gemeinsam habt Ihr Material besorgt und einen Plan gemacht. Ihr brauchtet sehr wenig Hilfe und habt prima zusammengearbeitet. Ich finde das Dino-Land toll!!

Eure Leistung wird für alle mit <u>sehr gut</u> bewertet.
4.3.87

Beispiel 5: Roland hatte den Vorschlag für das Dinosaurier-Land gemacht und den Gedanken konsequent weiterverfolgt. Er hat sich Partner gesucht. Gemeinsam hat die Gruppe einen Arbeitsplan entworfen, Material beschafft und die Arbeiten eingeteilt. Ununterbrochen haben die beiden Teilgruppen (die eine baute das Landschaftsrelief, die andere formte die Saurier aus farbigem Plastilin) sich miteinander ausgetauscht und ihre Arbeiten koordiniert. Klecksi hat allen Gruppenmitgliedern einen ausführlichen Kommentar geschrieben.

6. Wie können die Beurteilungen zur Zeugniszensur zusammengefaßt werden?

Zum Halbjahr und zum Ende des Schuljahres stehen Ziffernzensuren und Anmerkungen in meinen Aufzeichnungen. Eine Sammlung von Arbeitsergebnissen und „Klecksi"-Kommentaren befindet sich in den Sammelmappen der Kinder.

Plastische Arbeiten, Gruppenergebnisse, Geschenke und Dekorationsstücke für die Schule sind natürlich nicht mitgesammelt, ebenso nicht solche Arbeitsergebnisse, die vielleicht in ein Buch, in eine thematische Aufgabensammlung, in eine Wandzeitung oder andere Dokumenten eingegangen sind. Denn es kommt regelmäßig vor, daß der

Kunstunterricht fachübergreifend in ein Projekt/eine Unterrichtseinheit integriert wird.

Alle Ergebnisse aber werden in die Bilanz einbezogen. Mit den Kindern gemeinsam halte ich Rückschau, und wir begründen die Zeugniszensur so, daß sie auch vor den Eltern gerechtfertigt werden kann. Die folgenden Fragen helfen bei dieser Bilanz.

1. Frage: Kann als Gesamtzensur „befriedigend" gerechtfertigt werden (oder ist vielleicht eine schlechtere Zensur unumgänglich)?
– Sind alle grundlegenden Aufgabenstellungen zufriedenstellend bearbeitet worden?
– Beteiligte sich das Kind regelmäßig durch sinnvolle Beiträge am Unterricht?
– Wenn nicht, gab es Gründe dafür, oder hat das Kind das selbst zu verantworten? (Einige Gründe sind in Punkt 4. beschrieben.)
– Wurden in manchen Fällen andere als die allgemein gestellten Aufgaben bearbeitet? Diese in befriedigendem Maße?

2. Frage: Ist eine bessere Zensur als „befriedigend" angemessen?
– Was hat das Kind über die grundlegenden Aufgabenstellungen hinaus geleistet?
– Hat es diese in besonderer Qualität bearbeitet?
– Hat es eigene Ideen und ungewöhnliche Lösungen vorgetragen und/oder besonders anspruchsvoll ausgeführt?
– Hat es andere Kinder beraten und/oder ihnen erfolgreich geholfen?

3. Frage: Sind die verschiedenen Aufgabentypen und Leistungssituationen gleichmäßig gewürdigt worden, oder ergaben sich bestimmte Schwerpunkte nach Vorlieben und Neigungen?

Entlang dieser Fragestellungen berate und begründe ich die angemessene Zeugniszensur mit jedem Kind ganz individuell. Das trainiert erstens die Selbsteinschätzung und Urteilsfähigkeit, stärkt die Verantwortung der eigenen Leistungsfähigkeit gegenüber und hilft, ein gesundes Selbstwertgefühl aufzubauen. Denn Zensuren kommen nicht von irgendwelchen „Gnaden", sondern können – mit den Kindern – als Zusammenfassung gemeinsamer Lern- und Arbeitsprozesse entwickelt werden.

Literatur

„Zeitschrift für Kunstpädagogik", Heft 6/1980: Beurteilen und Benoten. Düsseldorf (Schwann) 1980.

Adelheid Staudte: Ästhetische Erziehung 1–4. München (Urban und Schwarzenberg) 1980.

Gerhard Schneider (Hrsg.): Ästhetische Erziehung in der Grundschule. Weinheim und Basel (Beltz) 1988.

„Kunst und Unterricht", Sonderheft „Ästhetische Erziehung '82: Positionen und Perspektiven", Velber (Friedrich) 1982.

Lieselotte Stohlmann
Musik

1. Um welche Leistungen geht es?

Leistungen im Musikunterricht zeigen sich als Fähigkeiten, Fertigkeiten, Kenntnisse und Mitarbeit. Diese Leistungen haben eine kognitive, psychomotorische, affektive und soziale Dimension.

Beispiel: Übersicht auf der folgenden Seite

Derartige Leistungen sind angesiedelt in den drei Lernbereichen *Musik machen – Hören – Umsetzen* und gebunden an die diesen Lernbereichen zugeordneten verbindlichen Lernanforderungen. In einigen Bundesländern wird statt *Lernbereich* der Begriff *Lernfeld* benutzt. Die Anzahl der Lernbereiche/Lernfelder schwankt. Doch geht es grundsätzlich um musikalische Umgangs- bzw. Verhaltensweisen und Fachwissen, solche sind:

im Lernbereich *Musik machen:*
- singen
- die Stimme noch anders gebrauchen (Stimmklangspiele)
- mit Instrumenten musizieren: Liedbegleitung, Spielstücke, Spiel-mit-Stücke, Klangspiele

im Lernbereich *Musik hören:*
- Musik erleben
- Musik unterscheiden
- Musik gliedern
- über Musik nachdenken

im Lernbereich *Musik umsetzen:*
- umsetzen in Gestik, Bewegung, Tanz
- szenisch umsetzen
- grafisch/bildnerisch umsetzen.

Das *Eigentümliche* der verbindlichen Grundschul-Lernanforderungen (Ziele) im Fach Musik ist,
- daß es in der Regel *prozessuale* Ziele sind, die auch für die weiterführenden Schulen gelten. Entsprechende Leistungssteigerungen kann ein Lehrer am besten feststellen, wenn er in einer Klasse kontinuierlich vom 1. Schuljahr an Musikunterricht erteilt.

	kognitive Dimension	psychomotorische Dimension	affektive Dimension	soziale Dimension
Fähigkeit	Ein Kind ist fähig, aus einem Notenbild Klangerwartungen abzuleiten.	Ein Kind ist fähig, eine gehörte Gewittermusik auf Orff-instrumenten zu imitieren.	Es ist fähig, das Bedrohliche in E. Griegs "In der Halle des Bergkönigs" aus der Peer Gynt Suite I zu spüren.	Es ist fähig, aus grafischen Zeichen Klangvorstellungen zu entwickeln. Es gibt seine Ideen an andere weiter.
Fertigkeit	Es kann einen rhythmischen Ostinato bald auswendig spielen.	Es kann eine beabsichtigte Klangfolge auf einem Stabspiel spielen.	Es freut sich über ein gelungenes Instrumentenspiel.	Es übt am Stabspiel mit umgedrehtem Schlägel, damit die anderen nicht gestört werden.
Kenntnisse	Es weiß, daß jemand, der alleine spielt, "Solist" genannt wird.	Es weiß etwas über den Weckgesang eines Indianerstammes und gestaltet eine entsprechende Szene.	Es schreibt zu Hause freiwillig einen Lexikontext über einen Komponisten ab.	Es lernt privat Trompete spielen und ist bereit, der Klasse diesbezügliche Fragen zu beantworten.
Mitarbeit	Es konzentriert sich, denkt mit und bringt sein Wissen ein.	Es singt und spielt, malt, zeichnet, tanzt... mit.	Es engagiert sich bei Aufgaben: interessiert mit Freude begeistert.	Es ist bereit und fähig, mit anderen Kindern zusammenzuarbeiten.

- Der Lehrer muß aus diesen prozessualen Zielen immer wieder zu selbständig ausgewählten Unterrichtsthemen konkrete Ziele ableiten und festlegen und während der Schuljahre auf Schwierigkeitssteigerung achten.
- Da er im Sinne grundschulgemäßen Unterrichts verpflichtet ist, kindgemäße komplexe Unterrichtsthemen und -vorhaben zu wählen, kommen stets
  - mindestens zwei Lernbereiche
  - mehrere musikalische Umgangsweisen
  - mehrere Ziele
  zum Tragen.
- Werden die Kinder bei einer Themenbearbeitung zu individueller Wahl bestimmter Umgangsweisen aufgefordert oder zum arbeitsteiligen Vorgehen, so verfolgen die Kinder unterschiedliche Ziele, erbringen unterschiedliche, an keiner Klassennorm meßbare Leistungen.

Beispiel: Bastian und Massimo

Die Klasse möchte ein Lied ausgestalten. Für die Aufführung werden Sänger, Instrumentalisten und Schauspieler gebraucht.

Bastian kann eine Liedbegleitung auf dem Metallophon nach zweimaligem Durchspielen richtig spielen. Er weigert sich aber, sein Können bei der Aufführung einzubringen, weil er lieber Schauspieler sein möchte.

Massimo übernimmt die Aufgabe. Er hat rhythmisch-metrische und gedächtnismäßige Schwierigkeiten. Aber er übt seinen Part ausdauernd und verantwortungsbewußt. Bei der Aufführung spielt er anhörbar, aber nicht fehlerfrei.

Vergleicht der Lehrer das Instrumentenspiel der Jungen objektiv, so ist Bastians Spiel besser. Er müßte eine sehr gute Zensur, Massimo eine schlechtere bekommen.

Pädagogisch geurteilt verdient Massimo eine gute Zensur, da er großes Engagement, Ausdauer und Verantwortungsbewußtsein im Hinblick auf das Unterrichtsvorhaben gezeigt hat.

Bastians Spielleistung sollte hier unzensiert bleiben, dafür aber seine Leistung als Schauspieler beurteilt werden (Koordinationsfähigkeit, zeitliche Anpassung, Bewegungs- und Ausdrucksfähigkeit, Phantasie, Engagement); denn für Bastian war der Unterrichtsgegenstand mit anderen Lernzielen verbunden als für Massimo.

Wir sehen an diesem Beispiel:

- die *Komplexität von Leistungen* (Fähigkeiten, Fertigkeiten, Kenntnisse, Mitarbeit mit kognitiver, psycho-motorischer, affektiver und sozialer Dimension) und
- die *individuellen Leistungsschwerpunkte* der Kinder im Zusammenhang mit zahlreichen Unterrichtsthemen.

Beide müssen Konsequenzen für die *Leistungsbeurteilung* haben.

Beispiel: Lied „Sascha geizte mit den Worten" (s. S. 107)

2. Wie können Kinder zu diesen Leistungen angeregt werden?

Auswahl von Themen:
Günstig sind Themen,
- die zum realen Leben der Kinder gehören,
  z. B. Geräusche, Klänge, Töne in unserer Schule hören, nachgestalten.
  Wir bereiten die Besuchsstunde mit einem Orchestermusiker vor.
- die die Phantasie anregen,
  z. B. Mussorgskys „Baba Yaga" aus „Bilder einer Ausstellung" in Szene setzen.
  „Die Geschichte von der Bachstelze" (U. Wölfel) verklanglichen.
- die viele verschiedene musikalische Umgangsweisen innerhalb der drei Lernbereiche (s. o.) berühren, so daß für jedes Kind etwas dabei ist, was es gerne tut,
  z. B. Den Kanon „Es tönen die Lieder" singen, die Taktschwerpunkte und die Formteile hören und den Kanon als Tanz gestalten.
- die die Lernausgangslage der Kinder berücksichtigen, so daß jedes Kind zu einem Erfolgserlebnis kommen kann,
  z. B. ist das Verklanglichen einer abstrakten musikalischen Graphik (etwa auf Seite 16 in „Musik macht Spaß", Hirschgraben Verlag Frankfurt a. M.) erst möglich, wenn die Kinder damit vertraut sind, grafische Zeichen in Klang umzusetzen und schon eigene, phantasievolle Zeichen erfunden haben.
- deren Verwirklichung das Klassen- und sogar das Schulleben bereichern und auch außerhalb der Schule Freude bereiten kann. Dadurch wachsen Verantwortungsgefühl und emotionale Beteiligung.

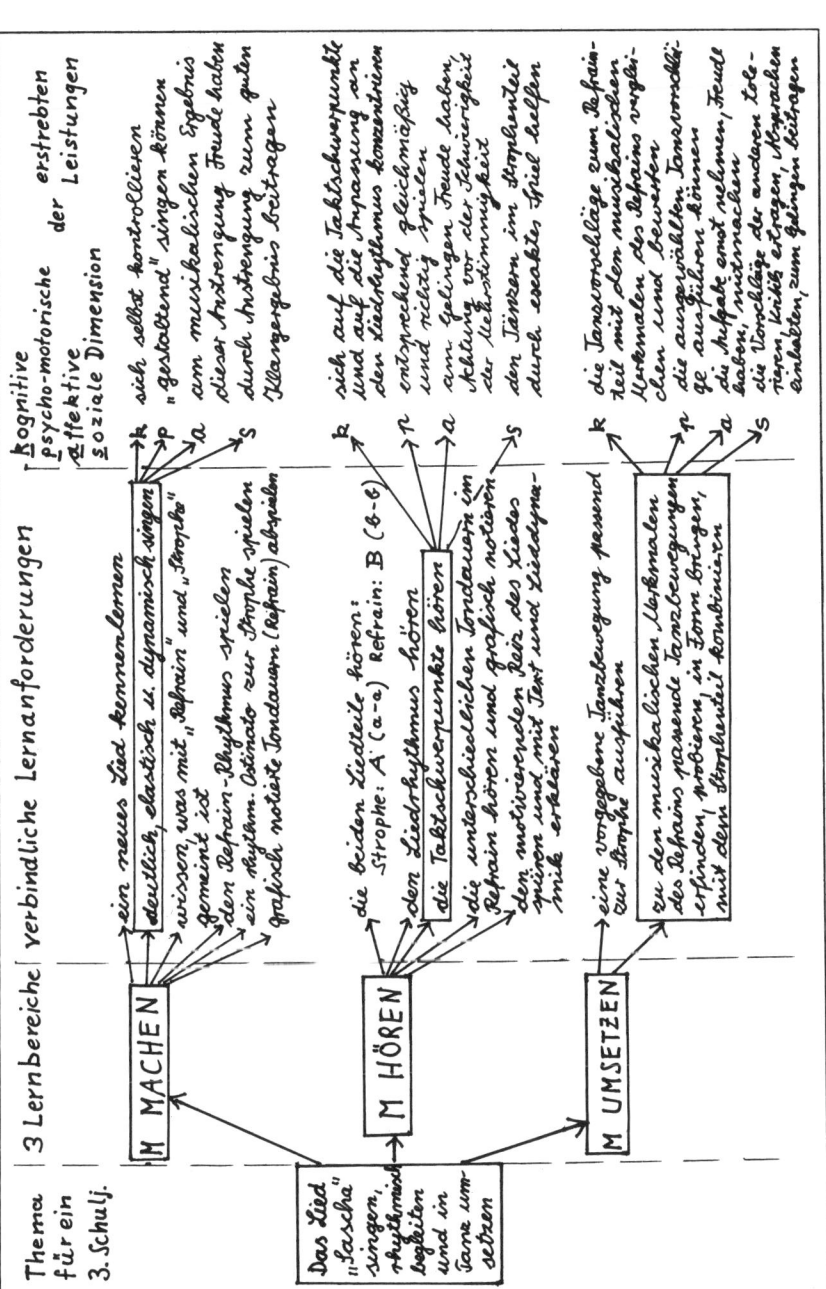

- zu deren Bewältigung Lehrer anderer Fächer, andere Klassen oder Arbeitsgemeinschaften gebraucht werden,

z. B. bei der musikalischen und szenischen Gestaltung der „Wolfsschluchtszene" nach C. M. von Weber: „Der Freischütz".

Das eigene Lehrerverhalten:
- selbst Begeisterung für das Thema zeigen
- selbst motivierende Vorschläge machen
- selbst etwas vormachen
- Schülerbeiträge und Arbeitserfolge einzelner und aller loben und Freude darüber äußern, die positiven Bewertungen auch sachlich begründen
- ermutigen, anspornen, helfen
- deutlich machen, welchem Ziel die jeweilige Aktivität dient
- bei Versagen eines Kindes eine Ersatzaufgabe finden
- offen sein für Änderungsvorschläge und Ideen der Kinder, die der eigenen Planung widersprechen.

Auswahl von Repräsentationsmitteln,
- die einen musikalischen Sachverhalt adäquat verdeutlichen
- und zugleich für Kinder reizvoll sind.

Beispiel: Die „Trompetensuite in D" aus Händels „Wassermusik" verdeutlicht das Echoprinzip, die Hörner imitieren die Melodieteile der Trompeten.

Der festliche Klang der Musik, die kräftigen Blechblasinstrumente und die innere Vorstellung von der Aufführung während der Fahrt des englischen Königs auf der Themse motivieren die Kinder, genau auf den Instrumentenwechsel zu achten und zur Musik richtig mitzuspielen.

Planung mehrerer Erschließungshilfen und Aktivitäten,
so daß jedes Kind einen Zugang zum Unterrichtsgegenstand finden kann.

Beispiel: Ein „Brummer" singt nicht gerne mit, wenn ein neues Lied eingeübt wird.

Für die Aufführung der „Brasilianischen Räuberballade" interessiert er sich schnell, wenn er den eigentümlichen Rhythmus erkennt, auf einem typischen Instrument einer Combo (Rumbarassel) mitspielen oder den Refrain mitsingen und mitspielen darf.

Beteiligung der Kinder an Unterrichtsentscheidungen,
z. B.: Ein Lied kann gemalt, getanzt, in Szene gesetzt werden. Die Kinder arbeiten entsprechend nach eigener Wahl.

Zu einem Musikstück sind Szenen erfunden worden. Die Klasse entscheidet, welche Szene zur Musik gespielt werden soll.
Die Kinder haben einen Kanontanz erfunden. Soll er vor anderen aufgeführt werden? Wann? Vor wem?

3. Wie können Kinder ihre Leistungen zeigen?

Sie können diese durch die *Qualität* und die *Quantität* ihres kognitiven, psychomotorischen, affektiven und sozialen Beteiligens im Unterrichtsprozeß zeigen.

Beispiel aus dem Lernbereich *Musik hören:*

Thema: Das Musikstück „Ein Abend auf dem Lande" von B. Bartok unterscheidend und strukturierend hören und passend in Bewegung umsetzen.

Leistungen	*Beschreibung*
Zuhörbereitschaft	a) bereit sein zuzuhören
Konzentration	b) sich beim Hören konzentrieren
Unterscheidendes Hören	c) hören, daß Holzblasinstrumente spielen
Fachwissen	d) hören, welche Holzblasinstrumente spielen und – ihren Namen sagen oder – auf ein entsprechendes Instrumentenbild zeigen
strukturierendes Hören, beim Hören nachdenken, Notationsfähigkeit, rhythmisch-metrische Bewegungsfähigkeit	e) hören, daß ruhiges, gebundenes Spiel mit rascherem Staccato-Spiel wechselt und – diesen Wechsel mit Fachwörtern richtig beschreiben oder – grafisch notieren oder – bewegungsmäßig passend darstellen

Kreativität	f) die Verlaufsstruktur nach eigenen Ideen – differenziert – einfach – mit Hilfe – notieren
Mitlesefähigkeit	g) beim Hören in der Verlaufsnotation richtig mitzeigen
Emotionales Engagement	h) Eifer, Interesse, Willigkeit bei der Lösung aller Aufgaben zeigen
Sozialverhalten	i) bei der bewegungsmäßigen Umsetzung eigene Ideen oder Ideen anderer Kinder bereitwillig nachvollziehen
Ausdauer	j) Ausdauer zeigen beim Ausprobieren bis hin zur Aufführung
Selbstdisziplin	k) Bewegungsdisziplin zeigen
erlebendes Hören	l) Freude an dem Musikstück und der Umgangsweise „Bewegung" zeigen durch den Wunsch, die Aufführung zu wiederholen, zumindest den Wiederholungswunsch der Klassenmehrheit tolerieren

Aus diesem Unterrichtsbeispiel geht hervor,
- daß eine Musikstunde eine *Fülle* von Leistungsanforderungen enthält,
- daß zahlreiche Leistungen auf *nonverbale* Weise gezeigt werden können,
- daß Leistungen auf *unterschiedlichem Niveau* gezeigt werden können und auf diese Weise alle Kinder zu Erfolgserlebnissen kommen können (vgl. d), e), f), i),
- daß Unterrichtsergebnisse im Musikunterricht in der Regel Kollektivleistungen sind. Ihr Zustandekommen hängt weniger von den fachlichen als in besonderem Maße von den *sozialen* Leistungen der Kinder ab.

Für die Leistungsbeurteilung bedeutet dies:

Kinder zeigen ihre Leistungen, indem sie diese
hörbar machen: singen, die Stimme gebrauchen
                                auf Instrumenten spielen
                                sich aufgabengemäß äußern
                                sich auf Kassette aufnehmen lassen
sichtbar machen: sich melden
                                ausdauernd arbeiten
                                mit anderen zusammenarbeiten
                                freudig arbeiten
                                notieren
                                malen, zeichnen
                                sich bewegen
                                Hausaufgaben machen
                                ihr Heft führen
                                Tests schreiben

Hausaufgaben müssen stets kontrolliert werden. Jede Kontrolle kostet Zeit, die dem musikalischen Tun verloren geht. Hat eine Klasse nur einmal pro Woche Musikunterricht, muß besonders gewissenhaft entschieden werden, ob die geplante Hausaufgabe zu verantworten ist.

Häufig wird der Zeitabstand von einer Woche durch Unterrichtsausfall noch größer. Kinder ohne elterliche Ordnungshilfen und ohne Zeitgefühl werden, wie in anderen Fächern, so auch in Musik ihre Hausaufgaben vergessen und Negativerlebnisse anhäufen.

Sinnvoll sind *freiwillige* Hausaufgaben.

Beispiele:

- zu Liedern oder gehörter Musik malen oder eine Geschichte erfinden und aufschreiben
- einen Lexikontext lesen, eventuell abschreiben
- Erkundigungen einholen, z. B. über Privatmusikunterricht, Musikinteressen der Familie, der Nachbarn . . .
- Prospekte holen, z. B. den örtlichen Monatskalender für kulturelle Veranstaltungen
- Zeitungen durchlesen, Themenrelevantes ausschneiden (Künstler-, Komponistenbilder, Instrumentenabbildungen, Schulkonzert- und Kindertheaterkritik)
- ein Instrumentalstück, z. B. für Blockflöte, einüben, eventuell mit einer Gruppe
- eine Kassettenaufnahme machen

Derartige Vorschläge gehen vom Lehrer aus. Sie erziehen Kinder zum selbständigen Lernen.

Musikhefte zeigen nur in geringem Maß musikunterrichtliche Leistungen an. Schönschrift ist keine fachliche Qualifikation und kein Ergebnis musikfachlicher Bemühungen des Lehrers.

Schönschrift kann ein Kriterium von mehreren für die Heftführung sein, wenn sie Ausdruck der positiven Zuwendung zum Unterrichtsgegenstand ist. Das muß vom Lehrer beobachtet werden.

Alle Kinder, auch solche mit nervöser, von Natur aus schlechter Handschrift können ihr fachliches Engagement *so* zeigen:
- Anordnung der Eintragungen
- Richtigkeit der Eintragungen
- Vollständigkeit der Eintragungen
- farbliche Gestaltung
- selbständige, phantasievolle Ergänzung/Ausschmückung.

Kassetten-Aufnahmen ermöglichen es, gesungene oder gespielte „Leistungen" wiederholt zu hören und ihre musikalische Qualität gemessen an der Aufgabenstellung zu beurteilen.
Beispiele:
- Rhythmen erfinden als afrikanische Trommelbotschaften und als Rhythmusketten oder als musikalische Gespräche oder in Rondoform aufführen
- aus einer Reihe von Bildern eines auswählen und dazu ein Klangspiel erfinden und der Klasse als Klangrätsel vorspielen
- den Schluß einer Liedmelodie erfinden, der Klasse vorspielen und ihn nachsingen lassen.

Informelle Tests entspringen dem Wunsch nach Leistungsvergleich, objektiver Leistungsbeurteilung und Kontrolle der Unterrichtseffektivität.

Die Testaufgaben werden vom Lehrer auf eine bestimmte Klasse und einen bestimmten Lerngegenstand hin erstellt.

Freude am Musikunterricht wird empfindlich beeinträchtigt, wenn schriftliche Tests zu viele Aufgaben enthalten oder sich auf Lerngegenstände vieler Wochen beziehen. Auch geht Motivation verloren, wenn der Wert des Testergebnisses vom Lehrer hochgespielt wird und Kinder mit durchweg schwächeren Leistungen unter Prüfungsdruck geraten. Dies geschieht leicht bei allen Aufgaben, die sich auf Fachwissen beziehen. (Höraufgaben können als „Rätsel" anspornende Wirkung haben.)

Soll das kreative und nachgestaltende Musizieren mit Stimme oder Instrumenten kontrolliert werden, so sind Spielaufgaben mit Kassetten-Aufnahme (wie eben beschrieben) angebracht. Die Aufnahme bedeutet Ansporn und Konzentrationshilfe. Zu Hause können die Ergebnisse in Ruhe kontrolliert werden.

Es gibt verschiedene Arten von *schriftlichen Testaufgaben*. Die Kinder können wählen, zuordnen, ordnen; ergänzen, antworten; beschreiben, begründen, erfinden.

Hilfreiche Beispiele für entsprechende Grundschultestaufgaben sind in der Literatur bei Schmitt und Fischer zu finden (s. Literaturhinweise).

Mehrere Unterrichtswerke enthalten fertige Vorlagen zur Leistungskontrolle, die zumindest Anregungen geben können, zum Beispiel: Jürgen Kerger, Brigitte Person: Rondo. Karl Mildenberger Verlag 1982; Klaus Patho, Reinhard Schuhmann: Musik 3/4. Wolf Verlag 1985

Beispiele

a) <u>Wahlaufgaben</u>

Du hörst Volksmusik aus
1) Deutschland ☐ oder China ☐
2) Deutschland ☐ oder Südamerika ☐
3) China ☐ oder Südamerika ☐

Ja oder nein
1) Georg Friedrich Händel ist ein deutscher Komponist ☐ ☐
2) Die Wassermusik heißt so, weil Händel darin Wasser nachmacht. ☐ ☐
3) Händel lebte in der gleichen Zeit wie J.S. Bach. ☐ ☐

b) <u>Zuordnungsaufgaben</u>

Du hörst verschiedene Musikstücke. Wozu wird die jeweilige Musik gebraucht?
Ziehe die richtigen Verbindungslinien!

☐1 zum Tanzen
☐2 zum Marschieren
☐3 zum aufmerksamen Zuhören
☐4 zum Entspannen

Ziehe die richtigen Verbindungslinien!

☐ Halbe Note
☐ Ganze Note
☐ Achtelnote
☐ Viertelnote

c) <u>Ordnungsaufgaben</u>

Die Liedzeilen sind durcheinandergeraten. Numeriere in der richtigen Reihenfolge!

Kreise alle Holzblasinstrumente ein!

Geige Horn Flöte Cello
Klarinette Oboe
Trommel Bratsche
Fagott Pauke Posaune
Triangel

d) Ergänzungsaufgaben

Trage die fehlenden Noten ein!

B A C H

Du hörst nacheinander fünf Klangarten. Ergänze die beiden fehlenden Klangzeichen!

e) Kurzantworten

1) Welches Blechblasinstrument hörst du? _____

2) Wie heißt die Klangart zu diesem Zeichen ⊏⊐ ?
_____

f) Beschreiben/Verstehen

1) Wie wirkt die Musik auf dich? Kreise die passenden Wörter ein!

fröhlich müde lustig
frech wütend wild traurig langweilig
aufregend erheiternd beruhigend unheimlich

2) Du hörst zweimal das gleiche Musikstück. Zeichne beim zweiten Mal zur Musik mit!

3) Du hörst ein Musikstück. Erfinde eine Überschrift!
_____

Warum glaubst du, daß deine Überschrift zu dieser Musik paßt? _____

_____

_____

g) Erfindungsaufgaben

1) Erfinde einen Dreiviertel-Takt! |‾‾‾‾‾‾‾‾‾‾‾|
    1   2   3

2) Erfinde einen Trommelrhythmus als Trommelbotschaft und schreibe ihn mit Notenzeichen auf! |‾‾‾‾‾‾‾‾|

3) Erfinde ein kurzes Klangspiel für ein Stabspiel oder ein Schlagzeuginstrument und schreibe es irgendwie auf!

_____

_____

Bei den Liedzeilen unter c) handelt es sich um „Lobet und preiset, ihr Völker, den Herrn!" Zeile 2 und 3 sind vertauscht.

114

4. Welche Bedingungen können die Leistungen der Kinder beeinflusen?

Die folgende Aufstellung erhebt keinen Anspruch auf Vollständigkeit. Aus ihr wird aber deutlich, daß eine Lerngruppe im Musikunterricht in der Regel besonders *heterogen* ist. Das hat Konsequenzen für die Leistungsbeurteilung.

a) Persönlichkeitsmerkmale

– Kehlkopfbeschaffenheit	Singfähigkeit
– Krankheitsfolgen	Bewegungs- und Koordinationsfähigkeit, Konzentrationsfähigkeit
– angeborene Musikalität hinsichtlich musikalischer Umgangsweisen	Singen, Rhythmusgefühl, Melodie- und Klanggedächtnis, Hörfähigkeiten, Klangvorstellungsvermögen
– Vorlieben, Interessen	bestimmte musikalische Umgangsweisen, Musikgattungen, Funktionsmusiken, Arbeitsformen
– Ausdrucksfähigkeit	mimisch, gestisch, ganzkörperlich, verbal
– Temperament	ruhig, still oder fröhlich, spontan, vital
– Ich-Stabilität	sicher, selbstbewußt, mutig, neugierig, ausdauernd oder gehemmt, schüchtern, ängstlich, aufdringlich, egozentrisch
– geistige Fähigkeiten	Phantasie, Kreativität, Gedächtnis, Konzentration, Abstraktionsfähigkeit, Zielstrebigkeit, Ordnung, Reaktionstempo
– Emotionalität	gefühlsbetont, einfühlsam, nüchtern, distanziert

b) Außerschulische Umwelt

– musikalische Vorlieben, Interessen, Aktivitäten in der Familie	bevorzugt gehörte Musikart, Wiedergabe-Geräte, Singen, Mitgliedschaft in Chor oder Musiziergruppen, Besuch von Musikveranstaltungen
– Einstellung gegenüber Musik	Toleranz, positive Bewertung, Gleichgültigkeit, Ablehnung

– musikerzieherische Maßnahmen	dem Kind Instrumentalunterricht ermöglichen, mit dem Kind singen, eventuell selbst musizieren
– musikkulturelles Angebot der Wohngegend	Musikveranstaltungen besuchen

c) *Schulische Umwelt*

– didaktische u. methodische Vielseitigkeit des Musiklehrers	mit Musik und musikalischen Umgangsweisen vertraut werden; Freude daran entwickeln; sich selbst und persönliche Vorlieben und Fähigkeiten besser kennenlernen; Gemeinschafts- und Erfolgserlebnisse haben
– Erziehungsstil, pädagogische Einstellung	Ermutigung, Leistungsdruck
– Musikarbeitsgemeinschaften und ihr Einsatz im Schulleben	Wahlmöglichkeit; spezielle musikalische Förderung; Stärkung des Gemeinschafts- und Verantwortungsgefühls
– Stundenplan	eine oder zwei Wochenstunden; früh oder am späten Vormittag; häufiger Ausfall, weil der Fachlehrer Vertretungsunterricht erteilen muß

5. Wie können die Leistungen beurteilt werden?

Eine objektive Beurteilung ist im Musikunterricht nicht möglich. Gründe hierfür wurden z. T. schon genannt:
– die Komplexität der Leistungen im Musikunterricht
– die Komplexität der Unterrichtsthemen und der damit verbundenen Lernanforderungen
– die Heterogenität einer Lerngruppe
– die Ausrichtung der Unterrichtsvorhaben auf Gemeinschaftsleistungen und Gemeinschaftserlebnisse
– die Aufgabe des Grundschulmusikunterrichts, Kinder ganzheitlich anzusprechen und zu fördern (Leistungsbeurteilung bedingt aber eine künstliche Trennung)
– die Unterrichtsbedingungen für den Lehrer (häufiger Unterrichtsausfall aus zahlreichen Gründen, Fachunterricht in mehreren Klassen, didaktische Unsicherheit jener Lehrer, die im Studienfach Musik nicht ausgebildet sind).

Leistungen im Musikunterricht können nur
- *individuell*
- Einzelthemen und deren Zielen entsprechend *punktuell* und
- aufgrund der Bedingungsvariablen *vorsichtig*
eingeschätzt werden.

Das heißt: Ein Lehrer muß viele Leistungen eines Kindes im Halbjahr einschätzen und wie Mosaiksteinchen zu einem Leistungs-Bild zusammentragen.

Dieser Mühe wird sich ein Musiklehrer auch dann noch unterziehen müssen, wenn die Musikzensur in den Bundesländern für Grundschulen einmal abgeschafft werden sollte; denn die Aufgabe, Kindern und Eltern über die eingeschätzten Leistungen Auskunft zu geben und eventuell Privatunterricht begründet zu empfehlen, bleibt.

Grundlagen für die Leistungseinschätzung:

Leistungsbereich	Grundlagen
Musizieren	Beobachtungen, Kassettenaufnahmen
Erfinden	Beobachtungen, Kassettenaufnahmen, Notiertes
Hören	Beobachtungen, Notiertes, Tests
Umsetzen	Beobachtungen, Notiertes
Fachwissen	Beobachtungen, Notiertes, Tests, freiwillige Hausaufgaben
Mitarbeit	Beobachtungen
Sozialverhalten	Beobachtungen

Die Übersicht verdeutlicht, daß Beobachtungen die größte Bedeutung für die Leistungseinschätzung haben, Tests und Hausaufgaben dagegen nur eine geringe. Die früher üblichen Einzelprüfungen, die Hemmungen und Ängste aufbauten und die Lernatmosphäre störten, fehlen ganz.

Einige Aspekte für Unterrichtsbeobachtungen können sein:

Lernfortschritt
Beispiel aus Klasse 3:
Traditionell notierte Trommelbotschaften, z. B.

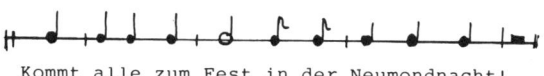

Kommt alle zum Fest in der Neumondnacht!

werden mit Text, ohne Text geübt. K. kommt zunächst nicht mit dem 2. Takt zurecht. In der folgenden Musikstunde kann K. den Rhythmus im Notenbild wiedererkennen und richtig abspielen.

Leistungsniveau
Beispiel aus Klasse 4:
Die Kinder hören ein Musikstück. *L.:* Notiert euch irgendwie alles, was ihr hört! Die Notierungen sind alle passend, aber unterschiedlich:

a) nur verbal
b) nur grafisch
⎱ Diese Leistungen entsprechen den allgemeinen Anforderungen

c) verbal u. grafisch
d) grafisch u. farbig
⎱ differenziertere Leistungen

e) verbal, graf. u. farb.
f) verb., graf., farb. u. Bildsymbole
g) jeweils 2 Notierungsarten und Ansatz zur Verdeutlichung der Gleichzeitigkeit
⎱ die Leistungen unter e) bis g) sind sehr gut

Zuwendung/Engagement
Zahlreiche Autoren messen diesem Aspekt große Bedeutung zu (vgl. alle Hinweise zur Notengebung im Lehrerfortbildungsmaterial „Musik in der Grundschule" der Länder Rheinland-Pfalz und NRW).
Das bereitwillige Mitmachen verdient schon eine gute Beurteilung.

Sozialverhalten
Beispiel aus Klasse 4:
Die Klasse hat ein Lied gelernt („Alle Großen haben Angst". Die große Grips-Parade. 30 cm Quartplatte 10. Berlin/Wagenbach).
U. und M. erhalten zusammen ein Metallophon und einen Arbeitszettel. Sie sollen in einer Klassenecke selbständig eine Begleitung zu einem Teil des Liedes einüben und sich beim Üben abwechseln.
Auf dem Arbeitszettel stehen die Buchstaben der anzuschlagenden Klangplatten genau über den entsprechenden Textstellen im Lied:

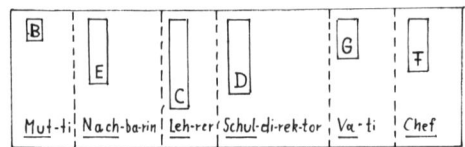

M. kann sich sofort zurechtfinden und spielt beim 3. Mal flüssig. U. ist unsicher, verspielt sich. M. bleibt bei U., hält den Zettel, zeigt auf die nachfolgend zu spielende Klangplatte und kommt schließlich auf die Idee, die überflüssigen Klangplatten herauszunehmen. So verhilft M. U. zum Übungserfolg.

Bedingungsvariablen
Die Singfähigkeit ist u. a. von physischen Gegebenheiten abhängig. Ein „Brummer" hätte im Leistungsbereich „Singen" kaum Chancen, würde nur das richtige Singen bewertet. Seine Mitsingbereitschaft, seine Ideen und Gestaltungskraft beim Produzieren stimmlicher Ausgestaltungen und Klangspiele bieten eine breite Skala, in diesem Leistungsbereich zu einer guten Beurteilung zu kommen.
B. hat sich in Klasse 3 beim Tanzen so geniert, daß er bevorzugte, auf einem Instrument mitzuspielen, den Kassettenrecorder zu bedienen usw. In Klasse 4 hatte er gelernt, sich zu überwinden und mitzutanzen. Seine Bewegungen wirken verkrampft. Aber Selbstüberwindung und Mittanzen haben eine gute Beurteilung verdient.
Daß Sascha Trompete blasen kann, bringt ihm keine gute Beurteilung, aber daß er sie mitbringt, spielt und erklärt.

6. Wie können die Leistungen zur Zeugniszensur zusammengefaßt werden?

Zu diesem Problem gibt es in der Fachliteratur keine „Muster". Jeder Lehrer muß seine eigene Methode entwickeln und verantworten.
Falsch wäre,
- auch nur einen der Leistungsbereiche auszuklammern
- die beeinflussenden Bedingungen außer Acht zu lassen
- die Gesamtzensur für erbrachte Leistungen innerhalb einer Unterrichtsreihe nach dem arithmetischen Mittel festzulegen.
Richtig ist, die gesammelten Leistungseinschätzungen nach pädagogischen Gesichtspunkten zu einer Zeugniszensur zusammenzufassen.
Eine *so* ermittelte Zeugniszensur hat in erster Linie pädagogische Funktion. Sie dient dazu,
- einem Kind zu *bestätigen,* daß es im letzten Halbjahr zum Gelingen aller musikalischen Aufführungen in befriedigender, guter, sehr guter Weise beigetragen hat,
- ein Kind darin zu *bestärken,* auch weiterhin im Musikunterricht mitzuarbeiten,

- die *Freude* am Musikunterricht und folglich auch am vielfältigen Umgang mit Musik zu *erhalten,*
- Kinder mit schwachen Leistungen in anderen Fächern zu *ermutigen* sich anzustrengen, weil Anstrengung, wie die Musikzensur zeigt, mit Erfolg verbunden ist.

Die schlechteste Musikzensur ist in der Regel „befriedigend"; denn ein vielseitiger, auf Integration und Aktivierung aller Kinder ausgerichteter Musikunterricht ermöglicht den Kindern Leistungen zu zeigen, die zumindest den allgemeinen Anforderungen entsprechen.

Die allgemeinen Anforderungen sind erfüllt, wenn die Kinder bei allen Aufgaben mitarbeiten und keine groben Fehler machen bzw. grobe Fehler, auch hinsichtlich des Sozialverhaltens, abstellen. Kinder, die diese Anforderungen nicht erfüllen (kaum mitarbeiten, stören, bei fast allen Aufgaben aus jedem Lernbereich versagen), sind erfahrungsgemäß Ausnahmen.

Wie aber kann der Lehrer seine Beobachtungsergebnisse und die Hausaufgaben-, Test- und Heft-Zensuren *schriftlich festhalten?* Wie kommt er zu einer Zeugniszensur?

Ein Lehrer, der mehr als 50 Schülern Musikunterricht gibt, mancher Fachlehrer hat über 150 Kinder zu beurteilen, ist wohl überfordert, für jeden Schüler einen Leistungsbogen anzulegen. Er gibt für die beobachteten guten Leistungen Pluspunkte. Erteilt ein Lehrer mehr als eine Musikstunde am Vormittag, beginnen die Eindrücke zu verwischen. Zwischen den Unterrichtsstunden hat er keine Zeit für Notizen, da Medien weggeräumt und andere bereitgelegt werden müssen. Trotzdem sollte er am Nachmittag seine „Erinnerungen" an die Kinder, die er beobachtet hat, verschriftlichen, weil der Zeitabstand zur nächsten Musikstunde so groß ist. Manche Kinder sind ihm nicht aufgefallen. Diese muß er in einer anderen Stunde bewußt beobachten.

1. Möglichkeit:
Punkte sammeln

120

Bei der Festlegung der Zeugniszensur spielen die Menge der Pluspunkte, die Ergebnisse von Tests und Heftführung, die Erinnerung
des Lehrers und sein Gesamteindruck von Fähigkeiten, Fertigkeiten,
Kenntnissen, Sozialverhalten und Mitarbeit und die Bedingungsvariablen eine Rolle. Aus dieser Übersicht im Zensurenbereich geht nicht
hervor, für welche Leistungsbereiche die Pluspunkte erteilt worden
sind.

2. Möglichkeit: Sammeln von Teilzensuren
Der Lehrer arbeitet wie bei der ersten Möglichkeit, präzisiert aber
seine Leistungseinschätzung in Form einer Teilzensur.

Bei diesem Verfahren muß er sich aber besonders davor hüten, die
Zeugniszensur nach dem arithmetischen Mittel zu „errechnen".

3. Möglichkeit: Beobachtungsnotizen
Der Lehrer legt für jeden Schüler einen Leistungsbogen an. Die
Eintragungen können auf verschiedene Weise erfolgen, zum Beispiel:
a) Beobachtungen aufschreiben
b) nach Abschluß einer Unterrichtsreihe zu den Leistungsaspekten
Teilzensuren erteilen und eventuell zu einer Teil-Gesamtzensur
zusammenfassen
c) eine Tabelle der Leistungsaspekte anlegen und Pluspunkte eintragen oder Teilzensuren
Die Angabe der Unterrichtsthemen kann die Erinnerung des Lehrers an die jeweiligen Lernanforderungen unterstützen, wenn er aus
allen Angaben und seinem Gesamteindruck unter Berücksichtigung
der Bedingungsvariablen nach einem halben Jahr die Zeugniszensur
ermittelt.

Beispiel zu a) Beobachtungen schreiben

```
Ivana K.

Thema "Trommelbotschaften" (UR):
eifrig, hört Taktschwerpunkte, Unterschied von Achteln und
Vierteln, übt, sicher, Heft = +;
Thema "Hexenmusik" (UR):
eigene Aufführungsideen, Hexenvers-Rhythmisierung mit Fehlern,
singen = +! Hören: ABA, Stimmung, passende Wörter
Thema "Wassermusik" (UR):
Instrumente unterscheiden = +! Mitlesen, Mitzeigen: ohne Schwie-
rigkeiten. Spiel-mit-Stück: konzentriertes, ehrgeiziges Üben:
fehlerlos
Thema "Verklanglichung von 'Rumpelstilzchen'" (UR):
sehr einfallsreich, spielfertig, geduldig, hilfsbereit
Thema ...
```

Beispiel zu b) Leistungen und Zensuren notieren

(Im Schülerleistungsbogen stehen nur die Zeilen mit diesem Zeichen: +)

```
Katrin L.

+ Thema "Nußknacker-Suite/Chinesi'scher Tanz" (UR):
   1. Stunde: Spiel-mit-Stück
   Beobachtung: Katrin L. wird beim Wiederholen und Üben sicherer
                und spielt die Schlußaufführung fast fehlerfrei.
+ Lernfortschritt: Notation lesen, abspielen, Spielfertigkeit,
                   Hören                                    = 2
+ Mitarbeit:                                                = 2
   2. Stunde: Umsetzen in Bewegung und Tanz
   Beobachtung: Katrin L. hat keine Ideen und große Mühe, die
                von den anderen übernommene Bewegung auszuführen.
+ Lernfortschritt/Umsetzen:                                 = 4
+ Sozialverhalten/Mitarbeit:                                = 2
   3. Stunde: Umsetzen in Bild
   Beobachtung: Katrins Bild zeigt, daß sie mehrere auffällige
                Merkmale der Musik gehört und mitgezeichnet hat.
                Bei der Bildbetrachtung kann sie sich in Ansätzen
                auf die Musik beziehen. Das Bild faltet sie ordent-
                lich und heftet es in der Musikmappe ab.
+ Leistungen: Malen, Hören, Konzentration und Zuwen-
              dung                                          = 2
+             Reflexion                                     = 3
   Endbeurteilung von Katrins Leistungen im Verlauf dieser Unter-
   richtsreihe:
+                                                          "gut"
```

(Die schwache Leistung beim Umsetzen in Bewegung und Tanz wird also nicht gewertet, da Bewegung nach Musik nicht zu den Ausdrucksmöglichkeiten dieser Kinderpersönlichkeit gehört und Katrin sich trotzdem während jener Stunde beteiligt und bemüht hat.)

Beispiel zu c) Tabelle mit Leistungen und Noten führen

Thema	Musi-zieren	Erfinden	Hören	Umsetzen	Fach-wissen	Mitar-beit	Sozial-ver-halten	Teil-Gesamt-zensur
Sascha	*singt u. spielt richtig*		*hört Ton-dauern u. Schwer-punkte, auch acc.*	*steif, aber hat Ideen für Tanzform*	*"schneller werden" "2 Teile" · · —*	3	3	2-3
Besuch der Or-chester-musiker		*Ideen zur Begrüßungs-art*			*viele Fragen*	*freiwil-lige Haus-aufgabe*	3	2+
⋮	· · ·							
1. Test								3
⋮	· · ·							
2. Test								3
⋮	· · ·							
Heft-Führung								3
⋮	· · ·							

Gesamteindruck von musikalischen Fähigkeiten, Fertigkeiten, Kenntnissen, Mitarbeit, Sozialverhalten und Bedingungs-variablen }⟶ ☐

Zeugniszensur

Literatur

W. Fischer: Lernerfolgskontrollen im Musikunterricht. In: Fischer u. a.: Musikunterricht Grundschule, Lehrerband. (Schott) (Mainz) 1977, S. 51–58

K. Füller: Lernzielklassifikation und Leistungsmessung im Musikunterricht. Beltz (Weinheim) 1974

R. Schmitt: Erfolgs- und Leistungskontrolle. In: W. Gundlach (Hrsg.): Handbuch Musikunterricht Grundschule. Schwann (Düsseldorf) 1984

L. Stohlmann: Singen in der Grundschule. Scriptor (Frankfurt) 1987

Wolfgang Burg
Sport

In einem 4. Schuljahr sind neun Mädchen und 11 Jungen. Die Klasse hat vom 1. Schuljahr an drei Stunden Sportunterricht pro Woche, vom 2. Schuljahr an davon eine Stunde Schwimmunterricht.

Willi, 10;1 Jahre alt; seine Körpergröße ist altersgemäß, das Körpergewicht liegt über dem Normalmaß. Willi ist pummelig, wirkt ungelenk, seine Bewegungen sind langsam. Er versucht seine sportlichen Defizite durch Eifer, Einsatz und Kameradschaft auszugleichen. Im Wasser ist das anders. Er hatte schon vor der Einschulung das „Schwimmabzeichen in Bronze", gehört zu den sichersten Schwimmern der Klasse und ist Mitglied des Schwimmteams, das die Schule bei Vergleichskämpfen vertritt. Die Mitgliedschaft in einem Sportverein ist von den Eltern unerwünscht, denn Willi hat schon Geigenunterricht, dazu spielt er Schach.

Jörg ist 9;8 Jahre alt, er ist groß und sehr beweglich, hat ein gereiftes Bewegungs- und Ballgefühl, seine Kondition ist gut. Das Schwimmen hat er im Laufe des 2. Schuljahres erlernt. Er ist Mitglied in allen Schulmannschaften (Fußball, Schwimmen, Leichtathletik). Jörg übernimmt nur sehr ungern Aufgaben des Organisierens und erledigt sie dann auch nur sehr nachlässig. Er ordnet sich nicht ein, meckert ständig mit seinen Mannschaftskollegen, Schiedsrichtern und dem Lehrer, zeigt nur Eifer bei Mannschaftsspielen und Wettkämpfen. Bei technischen und gymnastischen Übungen gibt er sich lustlos und täuscht dabei häufig Verletzungen vor. Jörg ist Mitglied in einem Fußballverein und dort Spielführer seiner Mannschaft. Die Eltern unterstützen die sportlichen Interessen ihres Sohnes sehr. Sie sind Mitglieder im selben Verein, der Vater ist der 2. Vorsitzende.

Was leisten Willi und Jörg im Sportunterricht? Was kann bei ihnen überhaupt als *Leistung* gelten? Welche Sportzensur ist angemessen? (Aufzeichnungen des Sportlehrers über die Leistungen und die Zensierung beider Jungen finden sich unter „Wie können die Leistungen beurteilt werden?").

1. Um welche Leistungen geht es?

Richtlinien und Lehrpläne geben den inhaltlichen Rahmen für den Sport in den Grundschulen vor. Auf dieser Grundlage sollte jedes Kollegium einen schuleigenen Sportplan erstellen. Er richtet sich nach dem
- örtlichen Raumangebot (z. B. Turnhalle, Gymnastikraum),
- Ausbildungsstand der Kollegen,
- Zusatzangebot durch Möglichkeiten zur sportlichen Aktivität in Schulnähe (z. B. Schwimmbad, Eislaufhalle, Schihang, Hockeyhalle).

Innerhalb solchen Angebotes hat der Schüler die Möglichkeiten, Leistungen zu erbringen, hinsichtlich:
- der *Fertigkeiten* (meßbare Leistung, Bewegungsqualität),
- der *Taktik* (bei Mannschaftsspielen),
- der *Kondition* (Ausdauer, Kraft, Beweglichkeit),
- dem *Organisieren* (Auf- und Abbau, Hilfe- und Sicherheitsstellung . . .).

Dabei sind sowohl Leistungen zum Könnensstand als auch Leistungen zu den Kenntnissen über die jeweilige Sportart möglich. Hinzu kommen bei verschiedenen Kindern auch noch Einsätze in Schulmannschaften oder besondere Aktivitäten beim Pausensport.

2. Wie können Kinder zu diesen Leistungen angeregt werden?

Eine starke Motivation übt der Sport selber auf viele Menschen aus. Der *Leistungssport* – regelmäßig durch die Medien vorgezeigt –, der *Breitensport* – durch Verbände und Vereine organisiert – reizen besonders den jungen Menschen zum Nachahmen und Mitmachen. Einen bedeutsamen Einfluß übt auch der Stellenwert des Sports innerhalb der eigenen Familie, des Freundeskreises aus. Die größte Motivation jedoch bleibt die Freude an der Bewegung, am Entdecken des Könnens, am Erfolg, am Wohlbefinden nach einer körperlichen Anstrengung. Hinzu kommen Selbstbestätigung durch:
- körperliche Leistungserlebnisse
- den Sport gewonnene soziale Kontakte
- das „Klettern" in einer Rangskala.

Besonders der Grundschule fällt dabei die Aufgabe zu, die Kinder in die verschiedensten Sportarten einzuführen: Neugier und Freude sind zu wecken und zu erhalten. Die Schüler werden in altersgemäßer Weise nach ihren Neigungen und ihrem Niveau an Techniken, Bewegungsabläufe, Regeln, Fachtermini etc. herangeführt. Durch ein vielfältiges und abwechslungsreiches Sportangebot gibt die Schule dem jungen Menschen schon früh die Möglichkeit, eine seiner Neigung und seinen körperlichen Voraussetzungen entsprechende Sportart zu entdecken, sie zu erproben und sie im Freizeit- oder im Leistungsbereich auszuüben. Für die Lehrerin/den Lehrer gehört das Entdecken der jeweiligen körperlichen Anlagen und deren Förderung ebenso dazu wie das Feststellen von körperlichen Schwächen und deren fachgerechte „Behandlung" (z. B. durch das Schulsonderturnen). Eine gute Zusammenarbeit mit dem Elternhaus und den entsprechenden Vereinen kann diese Maßnahmen unterstützen.

3. Wie können Kinder ihre Leistungen zeigen?

Nach entsprechender Anleitung wenden die Kinder in den Sportstunden die erworbenen Fertigkeiten, die geschulte Taktik, die gewonnene Kraft, ihre Ausdauer und Schnelligkeit an und gebrauchen die gelernten Regeln und Fachtermini. Dabei sollen Möglichkeiten zum norm- und regelgerechten Sport eröffnet sowie kreative Anwendung und individuelle Gestaltung ermöglicht werden. Dazu bieten sich auch außerunterrichtliche Bereiche der Schule an:
- Sportfeste, Turniere
- Klassenfeste, Schulfeste
- freiwillige Schülerarbeitsgemeinschaften
- Ausflüge, Schullandheimaufenthalte
- Pausen
- Stadt-, Bezirks-, Landesmeisterschaften.

4. Welche Bedingungen können die Leistungen der Kinder beeinflussen?

Leistungsbeeinflussende Faktoren finden sich sowohl im schulischen als auch im außerschulischen Bereich des Kindes, in seinem Elternhaus, in einem Verein, in seinem sozialen Umfeld allgemein.

Liegen Schule und Zuhause beispielsweise in der Nähe eines größeren Gewässers, so wird auch das Sportangebot mit Rudern, Segeln, Kajak etc. den Schüler anders beeinflussen als seinen Altersgenossen, der in einem Mittelgebirge wohnt und die Angebote Schi, Bobfahren, Eislaufen etc. vorfindet. Ein naher Hockeyverein beeinflußt die Sportartfindung sicher ebenso wie der Tischtennis- oder Volleyballverein, die in der schuleigenen Turnhalle trainieren. Dazu:

- Raum- und Geräteangebot der Schule
- Auswahl der Sportarten durch die Lehrer
- der Lehrer als Persönlichkeit und sein Engagement für eine Sportart, seine Einstellung zum Sport allgemein
- sportliche Vorerfahrungen, schon erworbene Fertigkeiten (z. B. Schwimmen, Eislaufen)
- individuelle körperliche Voraussetzungen, Anlagen
- Stellung in der Klassengemeinschaft, im sozialen Umfeld allgemein
- Einstellung der Eltern zum Sport, ausgeübte oder geförderte Sportarten durch Familienmitglieder
- Zugehörigkeit zu einem Sportverein
- Leistungsstand der Lerngruppe.

5. Wie können die Leistungen beurteilt werden?

Sportliche Leistungen lassen sich in unterschiedlicher Weise messen und in Beurteilungssysteme einordnen. In diese Möglichkeiten sollten die Kinder einbezogen werden. Dabei lernen sie sich selber einzuschätzen:

- Ziele werden gesteckt, und die Kinder beobachten und beurteilen, ob sie erreicht werden: Gelingt der Sprung? Was gelingt besser als in der letzten Stunde? Gibt Sandra heute den Ball weiter?
- Der Geräteaufbau läßt verschiedene Schwierigkeitsgrade zu: Was kann ich mir zutrauen? Was schaffe ich leicht? Was muß ich üben?

Was ist zu schwierig für mich?
- „Auszeichnungen" werden vergeben: Schwimm-, Sport-, Turnabzeichen, Eislaufplaketten, Medaillen, Urkunden u. a.
  Dabei sind zu berücksichtigen.:
- individuelle Voraussetzungen
- individuelle Lernfortschritte
- Lernniveau, beziehungsweise Leistungsstand der Gruppe
- Verhalten gegenüber Mitschülern
- Einsatz in Schulmannschaften.

Die folgende Grafik faßt alle Felder des Beurteilens und Zensierens übersichtlich zuammen. Sie ist den Richtlinien NRW *Sport*, Band 1, S. 44, entnommen.

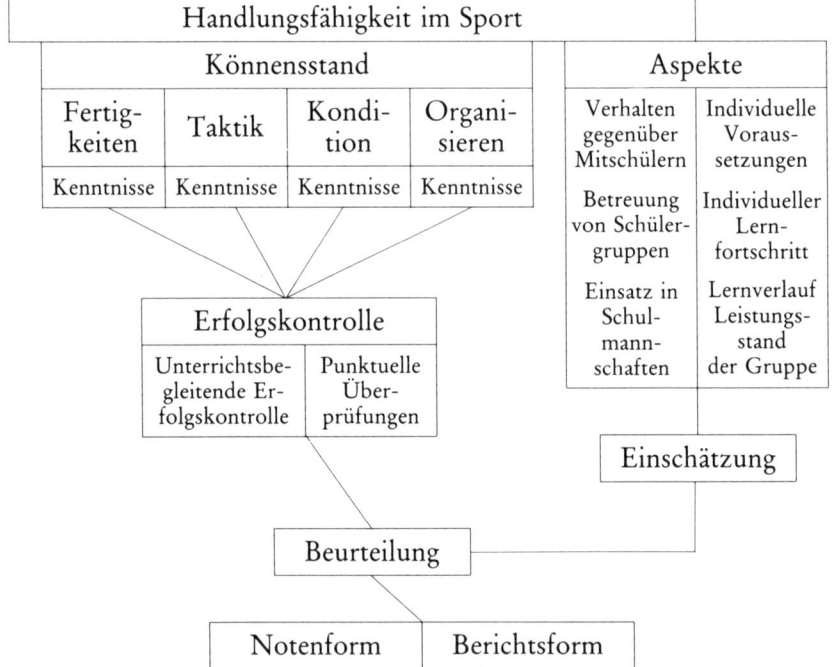

Als Aufzeichnungs- und Zensierungsmöglichkeiten hier die beiden eingangs geschilderten Beispiele der Schüler Willi und Jörg:

Fertigkeiten	Leicht-athletik (Laufen, Wettspr., Ausdauerl., Wurf)				Turnen	Gymnastik/Tanz	Schwimmen	Spiele	Eis-laufen
Fertigkeiten	4 4 3				4 5 4 4 4		2 1 2 1 1	3 4 3 3 4	
	4 4 4 3 4						1 2 2		
	5 4 5 5								
	4 4 4								
Kenntnisse	2				2		2	3	
Taktik								2 3	
Organisieren	1 2 2				3 2 2		1 2 2	2 2	
Kondition	3 4 4				3		2 2 2		
Verhalten gegenüber Mitschülern	2				2		2	2	
Teilnehmen an den freiwilligen Schülerarbeitsgemeinschaften	W. hat regelmäßig an den freiwilligen Schülerarbeitsgemeinschaften "Tänze" und "Ballspiele" teilgenommen.								
Einsatz in Schulmannschaften	Schwimmen: Einzel (Kraulen), zwei Staffeln								
Erworbene Abzeichen	Schwimmabzeichen "Silber"								
Erworbene Urkunden									
Zensur (Sportart)	4				4		2	3	
Sportzensur (Zeugnis)									3

Name: Jörg   Klasse: 4b

Fertigkeiten	Leicht-athletik	Turnen	Gymnastik/Tanz	Schwimmen	Spiele	Eis-laufen
Laufen / Weitspr. / Ausdauerl. / Wurf	2 2 1 2	2 3 2 3 3 2		Tr 2 2 1 2 / kr 2 1 2 1 / Br 2 2 2 2	2 1 1 2 1 2	
Kenntnisse	3				2	
Taktik						
Organisieren	4 4 5	5 5		4	4 4 5	
Kondition	2	3		2	1	
Verhalten gegenüber Mitschülern	4	4		3 4 5 4	5	
Teilnehmen an freiwilligen Schülerarbeitsgemeinschaften		./.				
Einsatz in Schulmannschaften	Fußball, Schwimmen, Leichtathl.					
Erworbene Abzeichen	Jugendsportabzeichen					
Erworbene Urkunden						
Zensur (Sportart)	3	3		3	3	
Sportzensur (Zeugnis)						3

130

6. Wie können die Beurteilungen im Zeugnis zusammengefaßt werden?

In Zensurenzeugnissen erscheint auch bei vielseitigem Sportangebot nur *eine* Zensur, also auch keine Aufteilung nach Sportarten (z. B. Schwimmen). Diese Zensur kann jedoch in der Zeugnisspalte „Hinweise zu Lernbereichen/Fächern" ergänzt werden. Hier einige Vorschläge:

- Im Bereich Schwimmen zeigt X eine deutlich bessere Leistung als in der Sportnote angegeben ist.
- X hat regelmäßig an der freiwilligen Schülerarbeitsgemeinschaft „Volkstänze" teilgenommen.
- X hat von ... bis ... am Förderunterricht Sport teilgenommen.
- Die Leistungsbeurteilung im Fach Sport enthält nicht den Bereich Schwimmen. Dieser kann aufgrund einer längeren Krankheit von X nicht beurteilt werden.
- X hat das „Jugendschwimmabzeichen in Bronze" erworben.
- X hat sein – Eislaufabzeichen
           – Schülersportabzeichen
           – Kinderturnabzeichen ... erworben.
- X ist bis zum ... vom Sportunterricht freigestellt.
- X nimmt regelmäßig am Schulsonderturnen teil.

Literatur

W. Klafki: Das pädagogische Problem der Leistung und der Leibeserziehung. In: Die Leistung, III. Kongreß für Leibeserziehung 20.–23. Mai 1967
Zeitschrift: Sportpädagogik. Themenheft „Zensieren" 6/1980 (Velber) Seelze

Mechtild Peisker
Evangelische Religionslehre

Die meisten Lehrer, die evangelischen Religionsunterricht erteilen, haben es in ihrer Ausbildung nicht gelernt, der Zielsetzung einer Unterrichtseinheit und den erarbeiteten Lerninhalten adäquat, *methodisch vertretbare Leistungsmessungen und -beurteilungen* durchzuführen.

Die Leistungsmessung und Notengebung in einem Fach, das vorrangig Fragen nach einer humanen Daseinsbewältigung, nach dem Sinn des Lebens, nach Geborgenheit, nach einem Glauben, der Grenzsituationen bewältigen hilft und hoffen läßt, zum Inhalt hat, ist theologisch und religionspädagogisch schwierig. In der Praxis wird das Problem von den Religionslehrern auf unterschiedliche Weise gelöst. Dabei zeichnen sich vor allem folgende Positionen ab:

„Religionslehrer verweigern abweichend von ihrem Verhalten in anderen von ihnen erteilten Fächern die vom Dienstherren vorgeschriebene Leistungsmessung in Religion". (Jendorf, S. 9) Die Notengebung wird dadurch, daß nur die Skala zwischen sehr gut und befriedigend benutzt wird, ad absurdum geführt. Diese Position wird meist mit dem Argument untermauert, daß gerade der Religionsunterricht vom Leistungsdruck frei bleiben müsse.

Andere Religionslehrer, die besonders den Charakter des Faches als Leistungsfach unter anderen Leistungsfächern betonen, benutzen die Notenskala voll, u. a. auch deshalb, weil sie die Wissenschaftlichkeit des Faches damit beweisen wollen.

Eine dritte Gruppe von Lehrern honoriert mit der Note in Religion das Verhalten der Schüler. Untersuchungen beweisen, daß die Religionsnote in hohem Maße mit der Einschätzung des „Betragens" eines Schülers korreliert. Auch wenn hierzu kein aktuelles Zahlenmaterial vorgelegt werden kann, läßt sich doch vermuten, daß weiterhin die Tendenz besteht, in der Religionsnote das Wohlverhalten und die mündliche Mitarbeit des Schülers zu bewerten. Das wird durch die Beobachtung verstärkt, daß schlechte Noten häufig Abmeldungen vom RU zur Folge haben.

„Ein Dilemma bleibt bestehen, wenn der Religionspädagoge Religion als gleichwertiges Fach im Fächerkanon der Schule ansieht, das einerseits das Gespräch über den Glauben [. . .] aufnimmt und andererseits als wissenschaftliches Leistungsfach neben anderen Fächern angesehen werden will oder aufgrund der Rechtslage angesehen werden muß" (Jendorf S. 10).

1. Was soll im Religionsunterricht gelernt werden?

Der Religionsunterricht in der Grundschule bietet in allen Bundesländern gegenüber den Lehrplänen aus den fünfziger und sechziger Jahren wesentlich weniger biblische Stoffe an. In den letzten Jahren hat eine Entwicklung von einer Stofforientierung zu einer Themen- bzw. Problemorientierung stattgefunden, wobei vor allem in den Lehrplänen der jüngsten Zeit vermehrt darauf geachtet wird, den Religionsunterricht als christlich und traditionsverpflichtet zu kennzeichnen.

Die Alternative „Problemorientierung oder Bibelorientierung" stellt sich heute weniger als in den siebziger Jahren: Schwierig ist eine theologisch und pädagogisch sinnvolle Verbindung der jeweiligen Themenfelder (Wegenast S. 70). In allen Lehrplänen geht es um die sinnvolle Verbindung der drei Inhaltsbereiche *Situation des Kindes*, *Biblische Inhalte* und *Traditionen*.

Dazu sind fachspezifische Überlegungen zum Leistungsbegriff notwendig. Der pädagogische Leistungsbegriff ist im Eingangskapitel bereits dargelegt worden. Was pädagogisch gilt, muß auch religionspädagogisch gelten. Der theologische Leistungsbegriff ist gekennzeichnet durch die Frage nach Gott, durch die Rechtfertigungslehre und durch die ethische Dimension des Verhaltens in der Gemeinschaft. „Als Protest gegen die Vergötzung von Leistung ist das Votum der Theologen am geläufigsten. Aber der Protest sollte eben nur die Vergötzung treffen, nicht schon menschliche Leistungsfähigkeit und Leistungsergebnisse an sich." (Nipkow)

Der Bezug auf den Rechtfertigungsglauben wird ebenfalls differenziert werden müssen. Die Ansicht, Schüler im RU aufgrund der Rechtfertigung – allein aus Gnade – Annahmen vorbehaltlos erleben zu lassen, verwirklicht sich nicht nur in Rücksichtnahme, sondern auch als Anerkennung seiner wie auch immer begrenzten Leistungsfähigkeit. Ethisch gesehen gilt ähnliches. Wer vom Leistungszwang befreit ist, wird frei zur Leistung ohne sich den Synergismusvorwurf gefallen lassen zu müssen. Zu welcher Leistung aber werden Christen frei? Zu der gleichsetzenden, austeilenden Gerechtigkeit, wie sie die

Justitia darstellt, muß die unterscheidende soziale, persönlich zuteilende Gerechtigkeit treten.

Diese zweite Gerechtigkeit braucht nämlich das Kind mehr als die erste. Es benötigt zunächst vorgebende Hilfe und grundlegende Ermutigung unter Berücksichtigung seiner individuellen Lage. Jeder muß haben, was er zum Leben braucht, unabhängig vom gemessenen Leistungsvergleich. (Nipkow, S. 168)

Durch die Integration sozialer Studien in den Religionsunterricht der Grundschule sollen die Vorerfahrungen und Vorkenntnisse der Kinder in den Unterricht mit eingebracht werden. „Erst wenn man vergleichbare, ähnliche Lernvoraussetzungen für alle geschaffen hat, wird es möglich sein, im Horizont von bewußt gemachten und bedachten Erfahrungen der Schüler einen Zugang zu religiösen Deutungen, wie sie z. B. in der Bibel aufgehoben sind, zu eröffnen. Dabei kann es dann zu dem Aha-Erlebnis des Kindes kommen, daß Bibel und Leben, Christliches und Alltägliches ganz nahe zusammengehören." (Wegenast, S. 72)

Bedingt dadurch, daß viele Schüler aus einem nicht-religiös geprägten Elternhaus kommen, ist im Religionsunterricht der Vermittlung biblischer Inhalte verstärkt Bedeutung zugekommen.

Die inhaltlichen Ziele des biblischen Unterrichts liegen in der Befähigung des Schülers, einen Einblick in die Ursprungssituation des Glaubens zu gewinnen, seine personale und soziale Wirklichkeit in Korrelation zu biblischen Fragen und Aussagen zu sehen, die symbolhafte Sprache der Bibel zu verstehen und Grundwissen über die Bibel als Glaubensdokument von Kirche und Unterricht zu erhalten.

Obwohl jedes Fach eine historische Dimension besitzt, hat es der Religionsunterricht in besonderem Maße mit Tradition zu tun. Hier geht es darum, die Wirkung des Evangeliums in der Geschichte bis heute wahrzunehmen und zu interpretieren. (vgl. Wegenast, S. 70 ff.)

Das Denken, Handeln und Glauben von Personen aus der Kirchengeschichte und aus der Gegenwart vermittelt den Kindern Verhaltensmotive. Sie können die Kontinuität des Glaubens vom Alten Testament über das Neue Testament bis in unsere Zeit entdecken.

Am Beispiel der für den Unterricht auszuwählenden Personen können die Kinder Vorbilder kennenlernen, in deren Leben Nachfolge unter Alltagsbedingungen stattfindet. In diesem Bereich hat auch die Vermittlung von Gebeten und Liedern, Legenden und Bildern seinen Stellenwert.

Die Leistungen, die die Schüler in der Auseinandersetzung und Verschränkung der genannten drei Bereiche erbringen, liegen im kognitiven, affektiven und psychomotorischen Bereich. Sie erwerben abfragbares Grundwissen und können zu nachprüfbaren Ergebnissen kommen. Sie lernen, biblisch-christliche Inhalte auf ihr Leben zu beziehen und daran ihre Verhaltensmaßstäbe auszubilden. Der Religionsunterricht befähigt die Schüler, sich in die Situation anderer hineinzuversetzen, ihre eigenen Vorstellungen zurückzunehmen und Rücksicht zu üben, wobei letzteres Ziel als nicht überprüfbar und bewertbar angesehen werden muß.

2. Wie können die Kinder zu diesen Leistungen angeregt werden?

Lernen im Religionsunterricht ist gemeinsames Lernen. Dieses Lernen ist ein Prozeß oder ein gemeinsamer Weg. Weil der christliche Glaube wesensmäßig mit Gemeinschaft verbunden ist, sollen die Kinder im Religionsunterricht erfahren, daß ihre unterschiedlichen Fähigkeiten in der Gruppe zum Tragen kommen und weiterführen.

Dadurch kommen der Unterrichtsatmosphäre und der Beziehungsebene zwischen Schülern und Lehrer besondere Bedeutung zu. Dieser Bereich berührt wesentlich die Motivationsfrage des Religionsunterrichts, weil die Schüler für „die Sache des Religionsunterrichts" gewonnen werden müssen.

Der Erfolg des Religionsunterrichts hängt davon ab, inwieweit der Unterrichtende genaue Kenntnisse der Lernausgangslage der Schülergruppe besitzt. Methodisch sind folgende Möglichkeiten denkbar.

Indirekte Methoden zur Ermittlung der Lernausgangslage sind die Beobachtungen des Religionslehrers bei Gesprächen in seiner Klasse und informelle Gespräche mit Schülern und Eltern. Als *direkte* Methode kann man an freie spontane Assoziationen der Schüler zu einem Reizwort oder einem Bild denken, die Auseinandersetzung mit Fallbeispielen (Erzählung, Bildgeschichte, Film), die Weiterführung offener Beispielgeschichten und freie Interviews bezeichnen. *Schriftliche* Methoden sind Satz- und Bildergänzungen, Fragebogen mit geschlossenen und offenen Fragen, Wunschzettel oder auch ein Text zur Erhebung des Vorwissens.

Dieses läßt sich auch im gestalterischen Bereich durch Zeichnungen, Collagen usw. erreichen (Arbeit mit exemplarischen Bildern). (vgl. B. Jendorf, S. 23–26)

Um Inhalte auf vielfältige Weise zu entfalten und erfahrbar werden zu lassen, müssen die verbalen Teile des Unterrichts durch andere Formen wie Malen, Gestalten, Spielen, Singen, Tanz und Pantomime ergänzt werden (bei besonderer Bedeutung des Erzählens). Diese Methoden ermöglichen Kindern Erfahrungen, die wesentlich zur Anregung von Leistungen im Religionsunterricht beitragen.

Das Untereinander-Vertraut-Werden, die Bildung der Beziehungsebene und einer entspannten Unterrichtsatmosphäre braucht Zeit. Nicht umsonst ist in der Stundentafel der meisten Bundesländer der Religionsunterricht mit drei Wochenstunden ausgewiesen. Die Erfahrungen, die vermittelt werden, stellen sich im Kontext des bisher Gesagten wie folgt dar: Die Kinder sollen Geschichten zuhören und selbst davon erzählen, wie es anderen in besonderen menschlichen Situationen (Angst, Freude, Leid...) zumute ist sowie im Gespräch Lösungen besprechen.

Durch den Umgang mit biblischen Geschichten erfahren sie, wie sich Menschen auf Gott eingelassen haben. Sie lernen die Ursprungssituationen biblischer Texte kennen und bekommen durch die besondere Erzählsituation die Möglichkeit, mit in das Geschehen einbezogen zu werden.

Alte und neue Lieder nehmen diese Erfahrungen auf und bereichern Fest- und Feiersituationen. In Bastel- und Malsituationen und in pantomimischen Spielen kann das Kind ausdrücken, was es fühlt, was es anderen mitteilen möchte. Still- und Zuhörübungen vermitteln die Erfahrung der Konzentration und der meditativen Besinnung, das Erlebnis von Gemeinschaft wird durch Feste ermöglicht. Die Schüler lernen, sich in der Gemeinschaft der Kirche zurechtzufinden, weil sie Symbole, Rituale, Gebete und Gottesdienstelemente deuten und interpretieren können.

3. Wie können die Kinder ihre Leistungen zeigen?

Aus den genannten Ausführungen ergibt sich, daß die Schüler ihre Leistung in unterschiedlichen Formen zeigen können. Das Prinzip Fördern statt Fordern, aber auch Fördern durch Fordern gilt auch im Religionsunterricht.

Die folgenden Vorschläge sollen eine Ideensammlung zur Erweiterung des methodischen Repertoires sein, bringen aber allein keine befriedigende Lösung. Jedoch kann die Verschiedenartigkeit der Methoden unterschiedliche Fähigkeiten der Schüler ansprechen. Die Leistungsfähigkeit und -bereitschaft der Schüler hängt immer auch von der Durchführung des Unterrichts ab.

Die überprüfbaren Leistungen der Schüler beziehen sich auf die Bereiche Wissen, Verhalten und auf die Ausbildung von Fertigkeiten und Fähigkeiten.

Leistungen im Bereich *Wissen* betreffen die Vollständigkeit von gelernten Sachverhalten oder die sachlogische Reihenfolge von Äußerungen. Darüber hinaus soll der Schüler in der Lage sein, sein Gelerntes in neuen Sachverhalten anzuwenden.

Im Bereich des *Verhaltens* kann nur das in der Schule zu beobachtende und gelernte (!) Verhalten des Schülers Grundlage der Leistungsmessung sein.

Seit jeher wird in der Pädagogik unterschieden zwischen dem tatsächlichen Handeln und dem in der Phantasie und in gedanklicher Vorwegnahme. Schlüsselt man diese Fähigkeit weiter auf, sind Unterschiede in der mehr oder weniger genauen Beachtung von Randbedingungen des Handelns zu beobachten, ferner auch die unterschiedlich ausgeprägte Fähigkeit, überhaupt Situationen identifizieren zu können, auf die das Problem zutrifft.

„Wenn es dem Religionsunterricht gelingt, über das Handeln in der Phantasie hinauszugehen und mit den Schülern Projekte zu initiieren, läßt sich der Einfallsreichtum bei der Auswahl und näheren Bestimmung der Projektziele, -gegenstände und -wege einschätzen. Auch jetzt bleibt eine Bewertbarkeit grundsätzlich möglich, sie ist aber nicht immer und ausschließlich auf herauslösbare individuelle Leistungen zu beziehen, sondern zum großen Teil gruppenbezogen." (Nipkow, S. 53)

Im Bereich der *Fertigkeiten* sind die Fähigkeiten der Schüler zum Sammeln und Ordnen von Material, Heftführung usw. gefragt.

In allen drei Bereichen sind die Methoden zur Feststellung der Leistung mit offenen, halboffenen und geschlossenen Fragestellungen möglich, das gilt für den mündlichen wie schriftlichen Bereich. Im gut geplanten Unterricht sollten alle Bereiche angesprochen werden.

Methodenpalette zur Leistungsmessung im Religionsunterricht

geschlossene Aufgaben				halboffene Aufgaben				offene Aufgaben									
Zuordnungsaufgaben	Mehrfachantworten	Richtig-falsch-Aufgaben	Antwort-, Auswahlaufgaben	Umordnungsaufgaben	Rätsel	Lückentexte	Kurzantwortaufgaben	Buch/Bilderbuch herstellen	Steckbrief verfassen	Texte verfassen	Rollenspiel, darstell./bibl. Spiel	Bildergeschichten herstellen/texten/vervollständigen	Fotoreihen herstellen	einen Comic texten/zeichnen	ein Bild malen/zeichnen		
																Gelerntes wiedergeben	Wissen
																Bilder/Sachverhalte deuten, interpretieren	
																Problemlösungen spielen, malen, sagen	
																Material, Bilder, Texte auswerten, bewerten	
																einen Standpunkt vertreten	Verhalten
																auf andere Meinungen eingehen	
																helfen	
																Interessen anderer wahrnehmen, sich hineinversetzen	
																zusammen in der Gruppe arbeiten	
																zuhören	
																Material sammeln und beschaffen	Fertigkeit
																Material, Bilder usw. ordnen	
																Heft/Mappe führen	

(Die Matrix kann je nach durchgeführtem Unterricht gefüllt werden)

(vgl. Jendorf, S. 69 ff. und Diagnosebogen hessischer Gesamtschulen, Pädagogisch-Theologisches Institut, Kassel)

Wenn die Matrix benutzt wird, geht aus ihr klar hervor, daß die beliebten Abfrageaufgaben im Bereich der geschlossenen Aufgaben nur einen sehr kleinen Teil der erbrachten Schülerleistungen abdecken können.

4. Welche Bedingungen können die Leistungen der Kinder beeinflussen?

Zunächst ist festzustellen, daß die Benotung der Leistungen im Religionsunterricht ähnlich diskutiert wird, wie die in den Gestaltungsfächern Kunst, Musik und Sport. Die weitverbreitete Einstellung, den Religionsunterricht als leistungsfreien Raum zu sehen, führt dazu, daß er eine Rand- und Sonderstellung bekommt. Wer jedoch die Religionsnote nicht will, müßte dann auch bei anderen Fächern konsequent die Abschaffung der Noten fordern, was im übrigen sicher ein Beitrag zur humaneren und kindgemäßeren Grundschule wäre. Durch die Zensierungspraxis (Mildetendenz, Einheitsnoten usw.) haben sich aber nachhaltige Beeinflussungen des Leistungsverhaltens von Schülern ergeben.

Zunächst wird das Fach von Eltern und Schülern weniger ernst als die sogenannten Leistungsfächer genommen.

Schlechte Noten in Religion werden oft mit der Abmeldung vom Unterricht quittiert. Da jedoch viele Kinder in einer nicht-religiösen Umgebung aufwachsen, wird dem Unterricht von seiten der Eltern auch eine Erziehungsfunktion in ethisch-moralischer Hinsicht zugesprochen.

Aufgrund der bisherigen Überlegungen bekommt auch die Person des Religionslehrers eine große Bedeutung. Da er als Initiator für die Herstellung der „Beziehungsebene" in der Klasse gilt, hängt die Glaubwürdigkeit des Faches oft von seiner Person ab. Jürgen Kluge formulierte das prägnant so: Der Lehrer *ist* sein Unterricht.

5. Wie können die Leistungen beurteilt und zur Zeugniszensur zusammengefaßt werden?

Fast alle Lehrpläne geben Lernziele für den Religionsunterricht vor, die auf einem mittleren Abstraktionsgrad formuliert sind. Der Lehrer muß sie für seine Klassensituation umsetzen, indem er in pädagogischer und theologischer Verantwortung die Ziele und Anforderungen für seine Klasse festlegt. Daß dies sinnvoll ist, wenn die Lernausgangslage bekannt ist, wurde bereits beschrieben.

Die Funktion der Leistungsmessung ist genauso vielschichtig wie die in anderen Fächern. Sie wird gemacht, um den Schülern Rückmeldung über erfolgreiches, den Lernzielen des Unterrichts entsprechendes Lernen zu geben. Der Lehrer erhält eine Rückmeldung über seinen Unterricht, die Eltern werden über den Leistungsstand ihres Kindes informiert.

Durch die Berücksichtigung der Leistungsstärke der einzelnen Schüler und durch die Mithineinnahme verbaler und non-verbaler Unterrichtsmethoden können die Schüler ihre Leistungen auf unterschiedlichen Ebenen zeigen. (vgl. Punkt 3) Dadurch wird versucht, einen Teil der Chancenungleichheit abzubauen, die durch unterschiedliche religiöse Sozialisation im Kindesalter bedingt ist.

Die Leistungen der Schüler können nach vier Maßstäben gemessen und beurteilt werden:

1. Die Leistung des Schülers wird zu den bis dato erbrachten Leistungen in Bezug gesetzt. Dieser „intrasubjektive" Maßstab ist nur anzuwenden, wenn man genaue Kenntnis über den Schüler hat.

2. Die Leistung eines Schülers wird mit dem Klassendurchschnitt verglichen. Diese Messung fördert das Konkurrenzdenken der Schüler und steht in hohem Maße den Zielen des Religionsunterrichts entgegen.

3. Die Lernziele des Lehrplans werden zur Meßlatte bei der Beurteilung. Dabei bleiben dann aber situative und individuelle Gegebenheiten unberücksichtigt.

4. Im Religionsunterricht der Grundschule sollte man sich um situations- und klassenspezifische Lernziele bemühen. Dabei ist immer die Situation und Bemühung des einzelnen Korrektiv.

Die Note wird mit Hilfe eines von Aufgabe zu Aufgabe unterschiedlichen Punktesystems gefunden. Die dann erreichte Gesamtpunktzahl wird durch sechs dividiert. Dabei ist es auch denkbar, diese Punktzahl durch vier zu teilen, um die Abstufungen innerhalb der Skala des erfolgreichen Lernens zu halten. Bei genauer Kenntnis der Schüler und der Einbeziehung non-verbaler Möglichkeiten (s. o.) muß das möglich sein.

Dabei versteht es sich von selbst, daß die Ziffernote keine gute Form einer Rückmeldung ist, gutachtenähnliche Formen sind immer vorzuziehen. Denkbar sind auch Briefe an die Schüler, in denen persönliche Rückmeldung über die erbrachte Leistung gegeben wird.

Eine gute Hilfe bietet der Schülerbegleitbogen des Pädagogisch-Theologischen Instituts in Kassel, der für die Grundschule leicht verändert werden mußte. In Kombination mit der bereits vorgestellten

Matrix kann er eine Hilfe und Übersicht sein. Er hilft auch, die mögliche Kopflastigkeit des Religionsunterrichts zu vermeiden. Diese Matrix sollte auf die jeweilige Schulsituation hin verändert werden.

Schülerbegleitbogen Evangelische Religion

Name	Unterrichtseinheit											
Vorname Klasse	1			2			3			4		
Stundenzahl	S	L	G	S	L	G	S	L	G	S	L	G
Der Schüler kann												
Wissen Gelerntes wiedergeben												
Sachverhalte, Bilder usw. deuten, interpretieren												
Verhalten Problemlösungen nennen, spielen												
einen Standpunkt vertreten												
helfen												
andere unterstützen												
zusammenarbeiten												
Fertigkeiten Material sammeln												
Material ordnen												
Heft, Mappe führen												

S = Schülerselbstbeurteilung   + = Fähigkeit vorhanden
L = Lehrerbeurteilung   Ø = Fähigkeit teilweise vorhanden
G = gemeinsame Beurteilung   - = Fähigkeit nicht vorhanden

Punkte von   bis   = Note ___

Beispiel für die Benutzung der Matrix:

In unserem Beispiel wird die Schülerleistung nach 10 Kriterien beurteilt. Wenn der Lehrer in einem Halbjahr 4 Unterrichtseinheiten durchgeführt hat, konnten vom Schüler in den gemessenen Bereichen maximal 40 Punkte erreicht werden.

40 Punkte dividiert durch 4 (wenn man sichergestellt hat, daß alle erfolgreich gelernt haben) oder durch 6 ergäbe folgende Benotung:
bis 10 Punkte – entspricht ausreichend
bis 20 Punkte – entspricht befriedigend
bis 30 Punkte – entspricht gut
bis 40 Punkte – entspricht sehr gut
oder:
unter 6 Punkten – ungenügend
unter 12 Punkten – mangelhaft
unter 18 Punkten – ausreichend
unter 24 Punkten – befriedigend
unter 30 Punkten – gut
mehr – sehr gut

Es sollte aber auf jeden Fall sichergestellt sein, daß sich die Leistung nicht nur auf das Abfragen gelernter Sachbegriffe bezieht.

Die Methodenpalette zur Überprüfung ist groß; sie kann nach Klassensituation und didaktischer Phantasie erweitert werden.

Dabei darf man auf keinen Fall versuchen, rein meßtheoretische Verfahren zu entwickeln, sie würden dem Anliegen des Faches zuwiderlaufen. In einem schlechten und nicht aussagekräftigen Benotungssystem wie dem der Ziffernzensuren müssen kleine Schritte zur Förderung des Schülers und Schaffung einer humanen Atmosphäre gemacht bzw. geleistet werden, solange die Rechtslage nicht geändert ist.

„Wie häufig soll im Religionsunterricht geprüft werden und was ist in diesem Zusammenhang zum Verhältnis von schriftlichen und mündlichen Leistungen zu sagen? Wir vertreten den doppelten Grundsatz, daß nichts geprüft werden sollte, was nicht unterrichtet worden ist, daß aber nicht nur das unterrichtet werden sollte, was geprüft wird. Der Umkreis der Unterrichtsaufgaben einschließlich der tiefergreifenden erzieherischen Dimensionen sollte größer sein als der Umfang der Prüfungsgegenstände. Entsprechendes gilt für die Häufigkeit: Es muß nicht alles und darum nicht immer geprüft werden." (Nipkow, S. 85)

Literatur

M. Hartenstein: Religion sehr gut, Übungen zur Bewertung des Lernens im Religionsunterricht der Grundschule. Calwer (Stuttgart) 1975

B. Jendorff: Leistungsmessung im Religionsunterricht. Kösel (München) 1979

K.-E. Nipkow: Religionsunterricht in der Leistungsschule. GTB Religionspädagogik (Gütersloh) 1979

K. Wegenast: Religionsdidaktik Grundschule. Kohlhammer (Stuttgart) 1983

Klaus Bornewasser
Katholische Religionslehre

Seit jeher ist Notengebung im Religionsunterricht ein Problem – nicht nur für den Lehrer, sondern auch für seine Schüler. Dennoch ist auch der Religionslehrer gehalten, nach dem derzeitigen Notensystem eine Beurteilung des Schülers zu finden.

Zur Erinnerung sei noch einmal darauf hingewiesen, was im Kath. Religionsunterricht nicht benotet werden soll: Wohlverhalten, Glauben oder gar die Intensität der Religionsausübung.

1. Um welche Leistungen geht es?

Es geht um
- das Entfalten der Entscheidungsfähigkeit der Kinder in Bezug auf Religion und Glauben,
- die Fragestellungen nach dem Leben und der Welt aus der Sicht der christlichen Botschaft,
- die Befähigung, Umwelt zu gestalten und Verantwortung im schulisch-gesellschaftlichen Bereich zu übernehmen.

Im einzelnen weisen die Lehrpläne der Bundesländer bzw. der Zielfelderplan, wie er von den deutschen Bischöfen verabschiedet wurde, die Ziele aus.

2. Wie können Kinder zu diesen Leistungen angeregt werden?

Wie in allen Fächern der Grundschule gilt auch im Religionsunterricht, daß Leistungsbereitschaft nur durch Methodenvielfalt und Beachtung der Lebensbezüge geweckt werden kann. Wichtig dabei ist es für den Religionslehrer zu bedenken, daß viele seiner Schüler in einer Umwelt leben, die nicht an Religion interessiert oder orientiert ist. Lebensbezug heißt daher nicht unbedingt Glaubensbezug, sondern auch Umweltbezug. Besonders im Religionsunterricht gilt folglich, daß Leistungsbeurteilung als Mittel der Ermutigung verstanden werden muß und nicht etwa als ein Mittel der (religiösen) Reglementierung. So verstanden kann Religionsunterricht einen Beitrag leisten, daß sich Kinder neue Dimensionen ihrer Umwelt und ihres Lebens erschließen.

3. Wie können Kinder ihre Leistungen zeigen?

Wenn im vorhergehenden Abschnitt Methodenvielfalt angesprochen wurde, gilt auch hier, daß eine große Methodenpalette zur Überprüfung von Lernzielen notwendig ist. Einige Möglichkeiten, wie Kinder Leistungen zeigen können, seien hier kurz angedeutet:
- Bearbeitung von Lückentexten, Kreuzwort- oder Silbenrätseln,
- Anfertigung von Bildern und Collagen,
- Zuordnungen von Text – Bild und umgekehrt,
- Rollenspiele oder Lieder.
Zu bedenken ist dabei die Situation der Klasse bzw. einzelner Schüler und das Wissen des Religionslehrers, daß sich in seinem Fach Ebenen erschließen können, die empirisch nicht meßbar sind. Folglich kann man Leistungen im Religionsunterricht eher im Prozeß und weniger im (Einzel-) Ergebnis zeigen und messen.

Beispiel: Verzeihen

In einem dritten Schuljahr ist eine Unterrichtsreihe über „Schuldig werden und verzeihen" gestaltet worden. Am Ende dieser Reihe wird der Lehrer sicherlich das Erreichen einiger Ziele „abhaken" können (die Schüler können Problemlösungen nennen, Spielszenen oder -texte deuten und auswerten etc.).
Vieles jedoch läßt sich nicht sofort „ermitteln". Theoretisch Erlerntes muß in der Praxis richtig angewendet, im Alltag erprobt werden. Vielleicht wird erst Wochen später sichtbar, wie sich ein sonst recht wilder Schüler dieser 3. Klasse Mühe gibt, Probleme im Gespräch und nicht sofort mit Fäusten zu lösen. Ein anderes, leicht beleidigt reagierendes Kind akzeptiert die Entschuldigung einer Mitschülerin ohne stundenlanges „Schmollen." So ändern sich Verhaltensweisen; dem Schüler erschließen sich neue Fertigkeiten – aber nicht von heute auf morgen.
Mit dem Ende einer Unterrichtseinheit sind die angeregten Lernprozesse nicht abgeschlossen. Tatsächlich begleiten die Inhalte immer

noch das Leben der Klasse. Der Lehrer muß hier also erneut ansetzen, Bedürfnisse und Möglichkeiten seiner Schüler erkennen, Positives aufgreifen und verstärken – kurz: einen Entwicklungsprozeß begleiten.

4. Welche Bedingungen können die Leistungen der Kinder beeinflussen?

Eine wesentliche Beeinflussung erfährt der Schüler aus seiner konkreten Lebenserfahrung. Wie steht es um Erfolgs- oder Mißerfolgserlebnisse, Leiderfahrungen, Umgang mit Schuld und Verzeihen, Erwartungen an sein Leben und das in Elternhaus und Schule?

Diese Fragen zeigen, daß „solidarisches Lernen" im Religionsunterricht wesentlicher Bestandteil sein muß, um Leistungen positiv zu entwickeln. Nicht weniger wichtig ist die Vorbildfunktion – also die Glaubwürdigkeit – des Lehrers.

5. Wie können die Leistungen beurteilt werden?

Die *individuelle Situation des Kindes* – nicht der Vergleich innerhalb der Klasse – muß die Beurteilung bestimmen. Dabei müssen die fortdauernde Ermutigung und Beobachtung des Kindes im Vordergrund stehen, da im Religionsunterricht oft Entwicklungen in Gang gesetzt werden, die erst nach der Grundschulzeit konkret meßbar oder durchschaubar sind. *Sachbezogene Grundlage* für die Beurteilung der Schülerleistungen sind die Anforderungen der Richtlinien der einzelnen Bundesländer bzw. der „Zielfelderplan Kath. Religion".

Beispiel: Der Zöllner Zachäus

In einer dritten Klasse wird im Rahmen der Unterrichtseinheit „Jesus nimmt sich der Ausgestoßenen an" das Stundenthema „Jesus begegnet dem Zöllner Zachäus" behandelt. Die Schüler werden in der Unterrichtsstunde u. a. mit einer Bildsequenz (Zachäus, Christophorus-Verlag Herder, Freiburg) und dem Bibeltext konfrontiert. Die Zachäusgeschichte wird gemeinsam erarbeitet und besprochen, wobei den Schülern bewußt werden soll, daß Menschen, die sich durch eigenes Verschulden bzw. das Verhalten der Mitmenschen in einer Au-

ßenseitersituation befinden, durch positive Zuwendung und eigenes
Bemühen die Rückkehr in die Gemeinschaft ermöglicht wird. Um die
wesentlichen Aussagen der Zachäuserzählung zu vertiefen, dabei jedoch eine rein nacherzählende Wiedergabe zu vermeiden, sollen die
Schüler anschließend mit einem Arbeitsblatt konfrontiert werden, das
den neutestamentlichen Lukas-Text in gekürzter Fassung wiedergibt.

<u>In der Bibel steht die Geschichte vom Zöllner Zachäus</u>

Jesus kam nach Jericho. Dort lebte ein reicher Zöllner, der Zachäus
hieß. Er wollte Jesus sehen. Weil er so klein war und die Leute ihn
nicht durchließen, stieg er auf einen Baum. Als Jesus kam, schaute
er hinauf und sprach: "Zachäus, steig schnell herab, denn heute muß
ich in deinem Hause bleiben." Zachäus freute sich und nahm Jesus
gern in seinem Haus auf. Alle, die das sahen, murrten und sagten:
"Bei einem Sünder ist er zu Gast." Zachäus aber sprach zu Jesus:
"Siehe Herr, die Hälfte meines Geldes gebe ich den Armen, und wenn
ich etwas zu Unrecht von jemand gefordert habe, gebe ich es vierfach
zurück."

Aufgabe: Lies den Text und unterstreiche die wörtliche Rede jeweils
mit einer anderen Farbe!
Schau dir die Bilder genau an! Schreibe die unterstrichenen
Sätze in die richtigen Sprechblasen!

Die Schüler sollen die Kernaussagen des Textes herausfinden, unterstreichen und anschließend drei Bildern, die der Sequenz aus der Erarbeitungsphase ähneln, richtig zuordnen.

Nach Abschluß dieser Arbeit, die von allen Schülern geleistet werden soll und die damit den grundlegenden Anforderungen entspricht, gibt es die Möglichkeit, in Form eines differenzierten Angebots zwei weitere Arbeitsblätter zu bearbeiten.

Das erste dieser beiden Arbeitsblätter wird lernschwächeren Kindern sicher das wichtige Gefühl vermitteln, mindestens zwei Arbeitsblätter geschafft zu haben; das zweite kann lernstärkere Schüler anregen, einen eigenen Beitrag zum Textverständnis zu leisten und die grundlegenden Anforderungen zu übertreffen.

1. Beantworte die Fragen und trage die gesuchten Wörter in die Kästchen ein (ö und ä schreibe in 1 Kästchen)

Welchen Beruf hatte Zachäus?

Zachäus stieg auf einen...

In welcher Stadt wohnte er?

War Zachäus reich oder arm?

Wie hießen die Leute, die sich über Jesus ärgerten, weil er bei Zachäus zu Gast war?

Wer ist jetzt Zachäus' Freund?

Die Pharisäer murren und sagen: "Zachäus ist ein...

Wenn du die Buchstaben in den dick umrandeten Kästchen von oben nach unten liest, findest du das Lösungswort.

Das Lösungswort heißt: _____

2. Im Bibeltext sagt Jesus zum Schluß zu Zachäus:

"Heute ist in dieses Haus das Heil gekommen. Denn ich bin gekommen, um zu suchen und zu retten, was verloren war."

Kannst du aufschreiben, was Jesus damit sagen will? Versuche es mit deinen Worten:

_____

_____

_____

_____

_____

Da Religionsunterricht weitgehend mündlicher Unterricht ist, ergeben sich viele Kriterien, die der Religionslehrer zur Beurteilung heranziehen kann, z. B.:

- In welchem Umfang können die Schüler Gelerntes wiedergeben bzw. sachgerecht anwenden (vgl. Beispiel: Verzeihen)?
- Können die Schüler Probleme erkennen und benennen? Können sie Lösungen aufzeigen?
- Sind sie in der Lage, Sachverhalte angemessen zu erklären oder (Bibel-)Texte – in der Grundschule sicher erst in Ansätzen – richtig zu deuten?

Diese Aufzählung erhebt keinen Anspruch auf Vollständigkeit; sie kann individuell ergänzt werden.

6. Wie können die Leistungen zur Zeugniszensur zusammengefaßt werden?

Am Ende eines Schulhalbjahres muß auch der Religionslehrer den Schüler im Rahmen des geltenden Notensystems beurteilen. Wie in anderen Fächern kann er auf einige konkrete Grundlagen für die Notenfindung zurückgreifen. Meßbar sind: historische Fakten, Wiedergabe von Gelerntem, das Erklären von Sachverhalten, das Erkennen von Zusammenhängen, die Art der Auswertung verschiedenen Materials durch den Schüler. Auf keinen Fall darf mit der Religionsnote die Gläubigkeit eines Schülers bewertet werden.

Das vermittelte Wissen kann und darf der Lehrer einfordern; was der Schüler an Glaubensverkündigung für sich annimmt, muß sich der Beurteilung durch den Religionslehrer im Unterricht entziehen. Hier wird deutlich, weshalb wohl die meisten Religionslehrer Probleme haben mit Noten, die schlechter sind als „befriedigend", denn nicht nur für den Religionslehrer im „geistlichen Gewand" ist das Dilemma oft groß.

Zwei Beispiele:

Hans ist ein aufgeweckter, fröhlicher Junge. Mit sich und seinen Leistungen ist er oft schnell zufrieden; auch im Religionsunterricht genügt er in der Regel den Anforderungen, engagiert sich aber höchst selten darüber hinaus. Die gerechte Note für Hans wäre „befriedigend", dennoch läßt der Herr Pastor „Gnade vor Recht ergehen" und gibt Hans, der als Meßdiener jeden Sonntag – auch in Frühmessen – zur Stelle ist, die Note „gut".

Ulrike ist eine zurückhaltende, schüchterne Schülerin. Besonders im mündlichen Unterricht tritt sie kaum in Erscheinung; sie ist froh, in Ruhe gelassen zu werden. Im Zeugnis erscheint unter „Katholische Religionslehre" die Note „ausreichend". Beim Elternsprechtag wird die Religionslehrerin von Ulrikes Eltern mit Vorwürfen überschüttet: Ulrike sei doch ein so liebes Mädchen, wie könne man da eine „vier" geben? Ob die Lehrerin noch nie etwas von der Güte Gottes gehört habe? Schließlich sei diese Note eine Herabsetzung Ulrikes.

Die Lehrerin versucht, ihre Entscheidung zu verteidigen: Gemessen an Leistungsstand der Klasse und Ulrikes Mitarbeit sei die Note zu vertreten, Leistungen seien durch ihr passives Verhalten kaum meßbar. Die Diskussion wird heftig. Sie gipfelt in der Äußerung von Ulrikes Vater: „Ich hab's ja immer gesagt – das Reden von Gottes Liebe und Barmherzigkeit ist nur frommes Geschwätz". Im nächsten Zeugnis erhält Ulrike ein „befriedigend" – Verhalten und Mitarbeit haben sich jedoch nicht geändert.

Was ist geschehen, was sagen die Beispiele aus? Im ersten Fall gab es sicher eine (falsche) Rücksichtnahme auf das religiös engagierte Elternhaus; darüber hinaus wurde ein außerschulisches Wohlverhalten des Schülers honoriert.

Im zweiten Fall wurde die Benotung für Eltern und Schülerin zur Bewertung der Persönlichkeit. Nicht nur für Arbeitgeber bei Abschlußzeugnissen, sondern auch für viele Eltern gilt die Religionszensur als Ersatz für die früheren „Kopfnoten", besonders „Betragen". Hinzu kam beim folgenden Zeugnis für die Lehrerin die Sorge, der Schülerin durch eine schlechte Zensur eine Tür zum Glauben zu verschließen, daher die bessere Note.

Die Zusammenfassung von Leistungen zur Zeugniszensur entwickelt sich also zum Kreuz für den Religionslehrer, das er oft allein tragen muß, aber auch für die Schüler (und ihre Eltern), die mangelnde Leistungen oft hinter dem Mantel der Liebe Gottes zu verstecken suchen.

Wichtig ist, daß sich der Religionslehrer vorbehaltlos solcher Probleme bewußt wird und auch bereit ist, unbequeme Noten zu begründen und aufrechtzuerhalten. Andererseits sollte er sich im Zweifelsfalle immer fragen, ob eine bessere Note für den Schüler eine Motivationshilfe sein könnte. Dies wäre pädagogisch vertretbar und auch einem Grundschüler im Gespräch einsichtig zu machen.

An dieser Stelle wird deutlich, daß pauschal gültige Rezepte nicht gegeben werden können, jeder einzelne Religionslehrer also seinen persönlich verantwortbaren Weg zur Benotung finden muß. Einzig dies sei noch einmal herausgestellt: Gläubigkeit oder Wohlverhalten dürfen kein Maßstab sein, Gottes Liebe darf nicht zum „Deckmantel" werden.

Literatur

B. Jendorff: Leistungsmessung im Religionsunterricht. Kösel (München) 1979